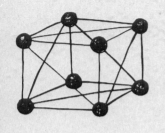

我很普，
所以沒人追？

破除日常中的
邏輯迷思

李改霞 —— 編著

目錄

目錄

第 8 章　邏輯運算

第 9 章　假設

第 10 章　論證

第 11 章　削弱

目錄

目錄

前 言

　　人被界定為高級動物，是因為人在遇到各種問題時，通常是透過思考、分析問題，找出解決問題的對策；而當動物遇到問題時，往往是依靠本能反應來解決。

　　毫無疑問，人針對性地思考、分析問題從而解決問題的方式，比動物依靠本能反應和經驗更加有效。當然，這個「更加有效」的原因在於，人類對問題的思考是一種有邏輯的思考，而不是天馬行空、雜亂無章的思考。

　　因此，學習邏輯學，用邏輯理論引導思考，不僅讓我們思考問題更加嚴謹，對日常交際也幫助很大。試想，當你與別人交談時，你所表達的內容邏輯清晰、條理分明，這無疑能夠在最短的時間內傳遞出更多有效的資訊，既能節省寶貴的時間，又能為自己的形象談吐加分，一舉兩得。

第 1 章　邏輯謬誤：
外行看笑話，內行看門道

第 1 章　邏輯謬誤：外行看笑話，內行看門道

「這是一條狗，牠是一名父親。牠是你的，所以牠是你的父親，你打牠就是在打自己的父親。」這就是邏輯學中典型的笑話 —— 狗父論證。看完以後是否覺得搞笑呢？大家笑過之後，又是否想過為什麼會出現這樣的笑話呢？

其實，這是因邏輯謬誤而引發的笑話。邏輯學是一門對思維有引導意義的學科。學會邏輯思考和理性思考，將會讓你思考問題時更具嚴謹性和思辨性；而沒有邏輯思考，往往事倍功半，一不留神還可能會鬧出笑話。

一分鐘讀懂形式邏輯謬誤

在邏輯學中，任何推理、演繹、論證都有形式規則可言，而違背了形式規則的邏輯推理往往會造成邏輯謬誤，這種邏輯謬誤被稱為形式邏輯謬誤。形式邏輯謬誤又可細分為三類。

否定前件謬誤：我是普妹，所以沒人追

否定前件謬誤（denying the antecedent），是一種由否定前提推出否定結果的邏輯推理方式。這種邏輯謬誤的錯誤之處在於，推理過程中所提出的前提條件是不正確的，因而推出的結果是謬誤。

典型形式：「若 A，則 B；非 A，故非 B。」

在生活中有很多輕熟女性，她們的同齡朋友紛紛結婚生子。這讓那些好事者不禁蠢蠢欲動了，很多「好心人」會前去關

心並詢問這些單身貴族，而得到最多的回答莫過於「我是普妹，所以沒人追」。

根據我們的生活經驗可以知道，每個人的審美標準並不相同，有人是「外貌」協會，也有人更願意追求內在美，所以每個人都是自己的女神。「我是普妹」這個前提條件就是一個謬誤，那麼推出來的結果自然是錯誤的。由此看來，那麼多女性無法脫魯，是因為她們邏輯有問題。那麼，想要脫單的朋友不妨來學習一下邏輯學吧！

肯定後件謬誤：學霸愛讀書，你愛讀書，故你是學霸

肯定後件謬誤（affirming the conclusion），也就是说，先言前提肯定條件前提的後件，是一種由肯定前提推出肯定結果的邏輯推理方式；而會造成謬誤，是因為所提出的前提中的肯定結果存在謬誤。

典型形式：「若 A，則 B；B，故 A。」

一年一度的學測結束後，總是幾人歡喜幾人愁。那麼問題來了，到底什麼樣的人才能被稱為學霸呢？有人說，學霸愛讀書，如果你愛讀書，那麼你就是學霸。

乍一看這個邏輯推理，覺得沒什麼問題，甚至會給人一種很符合邏輯的錯覺；然而，根據常識可以知道，學霸不一定都非常愛讀書。有些人每天玩遊戲玩得昏天暗地，但書依然讀得超級好，你能說他不是學霸嗎？肯定不能。但他愛讀書嗎？在這個推理過程中，所提出的大前提中的結果，與前提本就不構

13

成嚴謹的邏輯關係，那麼，根據這個大前提推出來的結果就具有謬誤性。

假兩難推理：要麼人類是上帝創造的，要麼人類是猴子變的

顧名思義，假兩難推理（false dilemma）是指所提出的兩個選擇看似是兩個難以抉擇的選擇，實則是犯了邏輯謬誤。

典型形式：「A 或 B；非 A，故 B。」

王伯伯氣呼呼地回到家中，王大嬸非常不解，明明剛才吃完飯的時候興致非常高昂，出門的時候還哼著歌，怎麼才半個小時就像變了一個人？於是，王大嬸泡了一杯茶給王伯伯，並詢問王伯伯生氣的原因。

原來，王伯伯吃完飯還是像平常一樣，邀了隔壁的李伯伯一起去散步。最近王伯伯接觸了基督教，並迷上了《聖經》。他在《聖經》裡看到這樣一個觀點：「人類是上帝創造的。」王伯伯對這個觀點深信不疑，在散步的時候王伯伯就開始向李伯伯「科普」了。

誰知道李伯伯並不是基督教的信徒，他對這個觀點並不認同，堅持說：「人類是從猴子變來的。」於是，兩人對這個問題爭執不休，都認為自己說的是對的。誰也不肯讓步，最終不歡而散。

要是王伯伯懂得邏輯學知識，就不至於因為這件事情跟摯友李伯伯生氣了。顯然，王伯伯和李伯伯的觀點可以概括為「人類要麼是上帝創造的，要麼是從猴子變來的」。其實，這根本就

是一個邏輯謬誤，屬於假兩難推理。因為人類除了是由上帝創造的，或者猴子變的以外，還存在其他的可能。

而如果王伯伯知道了這一邏輯學原理，那麼在與李伯伯的爭論過程中，他就能取得最終的勝利了。由此看來，邏輯學於生活還是大有裨益的。

這三種形式邏輯謬誤常常被詭辯者運用。當我們面對詭辯者說出的難以辯解的語言時，我們可以根據以上邏輯謬誤的知識識別，從而讓對方無言可辯。

一分鐘讀懂非形式邏輯謬誤

上一節中講到了形式邏輯謬誤，而與形式邏輯謬誤相對的就是非形式邏輯謬誤。在邏輯推理過程中，一定會有一個前提條件存在，而後對其進行推理、演繹、論證。試想，如果前提條件已經錯誤了，那麼依據這個前提條件得出的結果能正確嗎？非形式邏輯謬誤也細分為以下幾類。

訴諸無知：因為沒見過黑天鵝，所以世上沒有黑天鵝

所謂訴諸無知（argument from ignorance），就是造成邏輯謬誤的原因在於無知；具體來說就是，推理過程中的前提條件是無知的、錯誤的，而由這個無知的、錯誤的前提，又推導出了一個錯誤結論，整個推理過程是在做一件無用功，給人一

第 1 章　邏輯謬誤：外行看笑話，內行看門道

種無知的感覺。

　　一天，有兩個自稱是從國外留學回來的年輕人坐在一起聊天。甲說：「國外的天真藍，雲也比國內的白，還是國外好！」乙說：「是呀，我現在無比懷念在國外的生活。聽說國外還有黑天鵝呢！」甲說：「是嗎？我在國外都沒見過，在國內肯定也見不到，那麼黑天鵝應該不存在吧！」

　　看完這兩個留學生的對話，估計大家都會想翻白眼！不過，唾棄這種崇洋媚外的人不是我們的重點。留學生關於世上沒有黑天鵝的推理，才是大家需要關注的焦點。其實類似的推理在日常生活中非常常見，大家在看到這種邏輯推理的時候，會覺得推理者無知可笑；然而，當換一個場景或換一件事情時，往往也會陷入這種邏輯謬誤中卻渾然不知。

循環論證：「你是你」

　　循環論證（circular argument）不來還好，因為來了會給邏輯學又增添了一個邏輯謬誤。在循環論證的推理過程中，前提和結論都是一種假設，而不是事實。也就是說，這是一種用假設去證明假設的邏輯推理，它造成邏輯謬誤之處，就在於假設本身就是錯誤的。

　　典型形式：「若 P 則 Q，若 Q 則 R，若 R 則 P，假設 P，故 P。」

　　李霖是一家企業的員工。因為氣溫驟降所以生病了。他請朋友幫忙去公司請假，結果公司負責人請李霖的朋友證明自己

確實是李霖的朋友，這讓李霖的朋友氣憤不已。這後來成了一個笑話在公司中流傳開來，也反映了一些公司的管理人員缺乏基本的邏輯思維能力。

在這個推理中，本就包含了一種假設：「假設你是你」，而後又讓人來證明這個假設是真實的。其實這一道題無解，如果硬要讓人證明這道題的正確性，那麼純屬刁難，而這種邏輯謬誤也常被詭辯者採用。有時候會遇到這種情況：一個人說了一大堆話，最後得出了一個結果，而這個結果與前面所說的話的關係幾乎為零。這就是詭辯者常常採用的手段——迂迴法，即繞一個大圈子，使得結果看起來似乎毫無破綻、實則沒有脫離謬論的怪圈。

滑坡謬誤：拔除一棵樹，地球就要毀滅了

所謂推理，就是指透過前提條件去推導出一個結果。有時候我們的前提條件只是一個「可能性」事件，而在推導的過程中，我們卻把它當成一個「必然性」事件；或者在推導的過程中人為地將相關因素的作用放大化，這樣推導出來的結果也就成了邏輯謬誤，這就是所謂的滑坡謬誤（slippery slope）。

一些標稱是堅定的生態環境保護者說，在他們看來，拔除一棵樹，地球就要毀滅了，這個觀點毫無疑問就是一個滑坡謬誤。雖然砍伐樹木會破壞地球的生態環境，但地球畢竟沒有那麼脆弱。造成這種謬誤的原因在於，放大了拔除一棵樹這個因素對地球生態環境的影響。的確，拔除樹木會破壞地球生態

第 1 章　邏輯謬誤：外行看笑話，內行看門道

系統，但拔除一棵樹不會、也不可能造成地球毀滅的結果。這是將拔除一棵樹的負面影響無限放大了，從而導致了這個觀點的產生。

在我們的生活中，不難見到各種人，其實他們大部分都使用了這種滑坡謬誤。而詭辯者在利用這種謬誤的時候，常見的手段是：使用很長的一串連在一起的推理。在他們的推理中，會將很多只是機率性（有時候這個機率幾乎可以忽略）的事件，說成是必然性的事件，最終「推理」出幾乎毫不相干的結果。

以偏概全：你被當了，所以你們全班都被當了

以偏概全這種謬誤在生活中隨處可見。這種謬誤的錯誤所在就是，所提出的前提只是個體具有的某種性質，推理者卻把它擴大類推，最終得出該個體所在的群體的普遍性質。

雖然很多人都犯了這個邏輯謬誤，但是並沒有多少人意識到，而究其原因，還是在於沒有深入地學習邏輯學。

一位兢兢業業、堅守三尺講臺三十載的老師病倒了。儘管他放心不下他的學生、他的工作，但是身體每下愈況讓他不得不住院。這位老師住院沒幾天，學校就進行了一次模擬考試。考試結束後，班長代表全班同學去看望住院的老師。老師見到班長後，迫不及待地詢問班級情況以及考試情況。班長剛說了自己這次發揮失常，沒考好，老師就暈過去了。老師被搶救過來後說：「你作為班長都沒考好，那麼整個班肯定都沒考好，我能不著急嗎？」

　　大家看完這個例子後，是不是都被這位老師的敬業精神打動了？這位老師的確敬業，但他的邏輯思維能力也讓人著急。可能很多人被當的時候還真是這樣想的：要是全班都被當了，那我就不會孤單了。可實際情況是：班長只是班集體中的一員，無法代表整個班集體。顯然，由「班長被當」推導出「全班被當」是一種詭辯，是在以偏概全。

區群謬誤：杜拜人普遍很富有，故每一個杜拜人都很富有

　　區群謬誤（ecological fallacy），剛好與上文中提到的以偏概全相反，這種謬誤也被稱為「以全概偏」。該謬誤的錯誤所在是忽略了個體的特殊性，將群體的性質簡單認為就是該群體中每個個體的性質。簡單地說，就是將個體與群體混為一談，這種謬誤常常出現在分析統計資料當中。

　　什麼郭台銘，什麼亞洲首富，這些人在杜拜人面前簡直不值得一提，因為杜拜的富裕程度已經世界聞名了。據說黃金鋪地在杜拜已經司空見慣；又曾經有網友說，在杜拜，員警開的警車都是藍寶堅尼，乞丐月入百萬元以上。於是有人這樣推理：杜拜人普遍很富有，故每一個杜拜人都很富有。

　　杜拜人看到這個推理後，肯定想對推理者說：「你出來，我保證不打死你。」實際情況是，杜拜超級有錢，但富有的畢竟是少數人，還有一部分杜拜人依然生活在水深火熱之中。不，沒有水深，只有火熱，因為杜拜非常缺水。

　　所以，這無疑是一種「以全概偏」的推理。不可能每一個杜

19

第 1 章　邏輯謬誤：外行看笑話，內行看門道

拜人都很富有，不僅僅是在杜拜，世界上任何一個地方都不可能達到人人都富有的狀態。這種推理過於絕對化，將普遍情況認為是必然情況，最終推導出來的結果只能是令人啼笑皆非。

在統計工作當中，統計人員往往會面臨龐大的資料。分析龐大的資料，然後得出結果，這既是統計的正確流程，也是統計的意義所在。面對龐大的資料需要極強的耐心，需要耗費大量的精力。所以，統計人員一不留神，可能就會迷失在資料中，忽略了個別資料的特徵，造成區群謬誤。

不當類比：你和郭台銘都是人，所以你至少也有 70 億元

造成不當類比（questionable analogy）的原因，在於對類比推理的誤用。類比推理本是邏輯推理中的一個重要推理思想，對於具有共性的事物，可以用它來闡述、說明以及猜想，從而大大降低推理的難度。誤用了這種方法就會造成邏輯謬誤。這種邏輯謬誤的錯誤所在：只看到了事物間在大類上的共性，而忽略了小類上的區別。

「郭董」郭台銘在臺灣簡直無人不知，他出現的地方，常常都有一群記者跟在他身後採訪。為什麼？因為人家有錢！當過臺灣首富！儘管郭台銘身家數十億，但郭台銘也一樣是人。於是問題來了，你和郭台銘都是人，所以你至少也有 70 億元，這個說法對不對呢？

這個說法看起來毫無破綻，甚至給人一種理直氣壯的感覺。但我們只需要稍稍審視一下，就會發現這簡直是一個天大

的邏輯謬誤。別說 70 億元，估計連 7 萬元也沒有。寫到這裡，我只想靜靜，為什麼同樣是人，差別這麼大呢？邏輯學立刻告訴了我答案，因為這個邏輯推理根本不成立。

是的，這種推理屬於非形式邏輯謬誤中的不當類比。也就是說，錯誤的來源在於錯誤類比，在於沒有分清類別就類比。從邏輯學上來說，能夠進行類比推理的前提是：所要類比的兩者必須完全相等，這個相等包括兩者在類別、範圍上的絕對相等，否則就會造成邏輯謬誤。

訴諸公眾：流行的都是好的，故流行性感冒你值得擁有

在非形式邏輯謬誤中，有因無知造成的謬誤，有因類比造成的謬誤，還有因公眾造成的謬誤。這種因公眾造成的謬誤就，是這一小節所要講到的訴諸公眾，它又名「樂隊花車」（bandwagon），是指一種曲解了公眾意見而造成的邏輯謬誤。其實這是詭辯者用來說服大眾的一種手段，而非論證手段。

有人說，女人的衣櫥永遠缺少一件衣服，的確是這樣的，要不然服裝店都該倒閉了。那麼到底缺少一件什麼樣的衣服呢？答案是流行的衣服。在很多人看來，流行永遠是好的。一天，一位女孩正跟男友討論第二天要買的一件衣服。她指著手機上的一張圖片對男朋友說：「你看，這件衣服多漂亮，是現在最流行的！我想買。」男朋友說：「照妳這麼說，流行的都是好的，那麼流行性感冒，你值得擁有。」

什麼？大家還要看結果？動動腳趾也能想到，是以分手告

第 1 章　邏輯謬誤：外行看笑話，內行看門道

終。原因不在於男朋友不給女友買衣服，而在於男朋友的邏輯思維有問題，這樣的人無法長期相處。所以，大家身邊如果有邏輯思維有問題的朋友，就得小心了。

　　不管怎麼樣，看過這個例子後大家一定要「三思」：我明白這個笑話的原因所在嗎？我曾經是否犯過類似的邏輯謬誤？我今後要怎麼避免犯這種邏輯謬誤？思考完了，可以對照下面的分析檢驗。

　　首先，產生這個笑話的原因在於犯了邏輯謬誤；其次，不管你曾經是否犯過類似的邏輯謬誤，避免今後再犯類似的邏輯謬誤才是最重要的；最後，瞭解了這種邏輯謬誤的存在，並且學習邏輯學，你將能避免再犯這種邏輯謬誤。

訴諸主觀情感：一頭豬的爭奪戰

　　十年前，小寶與小華去集市上買小豬，發現了一頭身長、腿粗的特色梅花豬。由於兩人帶的錢都不多，因此合夥買下了這頭小豬。於是兩人一合計，決定讓村中出名的養豬能手小王養。為了讓小王好好地工作，小寶與小華許諾小王：「放心吧，不會虧待你的，不僅薪水照發，養好了，還會分你豬肉吃。」

　　沒想到意外發生了。有一天，小王發現這是一頭母豬，於是報告給小寶與小華。兩人又一合計，決定乾脆讓母豬生崽賣錢。

　　沒想到意外再次發生，這頭母豬特別能生，一窩能生十頭，小寶和小華樂不可支。母豬生的幾窩小豬崽，讓小寶與小

華賺到了錢。

後來，他們想將這頭母豬分了，兩人可以自行選擇要豬或者要錢；

不過張三開始為小王打抱不平：「你辛辛苦苦養的豬，豬崽不給你一頭，肉也不給你。」

這件事難倒了財經界、媒體界、司法界，成了罕見的世界級難題。

(1) 這是誰家的豬？

(2) 豬下的崽應該歸誰？

(3) 小王能不能決定這頭豬應該賣給誰？

(4) 小寶和小華能不能解雇與豬感情非常好的小王？

(5) 小王可不可以將豬賣給隔壁老王？

不過我們需要講一下故事中的張三，張三的這種說法屬於訴諸主觀情感（appeal to emotion），屬於非形式邏輯謬誤。

這一謬誤中往往有「動機合情的行為是恰當的」這一前提，很明顯這個前提是錯誤的。一般來說，判斷行為恰當與否，是根據綜合推理而得出的結果，而非情感上的衝動。

例如，你是死刑案受害者的父母，你還會認為判處兇手死刑是不對的嗎？是否判處死刑的標準，不應該由受害者父母或是大眾的主觀情感來決定；又例如，一名窮困家庭的媽媽，為了女兒到市場偷食物，新聞曝光後母女竟然獲捐鉅款！這也是一種利用受眾的憐憫之心進行論證的邏輯謬誤。

第 1 章　邏輯謬誤：外行看笑話，內行看門道

當然，我們沒有能力對一件事的公正性作出最終判定，正如我們提供的案例，這只是為邏輯學的學習提供的參考。

訴諸權威：亞里斯多德是哲學家，所以他說的話是對的

訴諸權威（appeal to authority）的錯誤，在於過分看重權威，將權威作為判斷一切是非的標準。

中世紀的時候，已經有生物學家得出人的神經在大腦匯合的結論；但有一位經院哲學家始終不相信這一結論，並在各種公開的場合中反對。為了說服這位哲學家，一位生物學家決定邀請他現場觀看自己的解剖實驗。

生物學家在哲學家面前做了人體解剖實驗，將人的神經在大腦中匯合這一事實展現給哲學家看。實驗過後，生物學家滿懷信心地對哲學家說：「這次你該相信我的研究結果了吧！」誰知道，哲學家的回答道：「假如亞里斯多德的著作裡沒有關於神經是從心臟產生的看法，我就相信你的結論。」

哲學家的這個推斷顯然是一個謬誤。他把亞里斯多德神聖化了，認為亞里斯多德作為哲學權威，他的話一定是真理，可以作為論證的必然依據。事實上，要證明一個觀點，僅僅摘錄別人的權威觀點遠遠不夠，還得保證所提到的權威觀點嚴謹正確。

所謂金無足赤，人無完人，哪怕是權威人物或機構也可能會犯錯誤，所以不能無條件地相信權威，並以此作為推論的前提。值得一提的是，權威人物或機構觀點的正確率畢竟比較

高，所以使用了訴諸權威的觀點，也不一定是錯誤的。

不相干謬誤：你是分行經理，你當然要說存款貶值是假的

不相干謬誤（fallacies of relevance），是指在邏輯推理過程中，所提出的前提與推斷出的結論之間並沒有緊密聯繫，是一種扭曲論證對象、轉移討論焦點的謬誤。這種謬誤又稱歪曲論題、逃避話題、偷換概念或紅鯡魚（red herring）。這種謬誤的典型比較多，在此我們舉兩個例子。

小夏經過刻苦讀書，終於進入了名牌大學的商學院。大學期間，小夏不僅掌握了書本上的知識，還利用課餘時間去各大銀行實習，積累了不少工作經驗。所小夏畢業後順利地進入了一家知名銀行工作，幾年後當上了分行經理。而當上分行經理後的小夏與同學聚會的時候，總有人問他「如何理財」、「存款是不是貶值了」等問題，小夏面對同學的提問總是知無不言，言無不盡；可是有個同學說：「你是分行經理，你當然要說存款貶值是假的。」

大家是不是在替小夏鳴不平呢？其實大家更應該看到那個同學的邏輯有問題。在這個推理過程中，涉及了兩個對象，一個是作為前提條件的「分行經理」，一個是作為推理結論的「存款貶值」。表面上看，這兩者之間確實存在聯繫，然而事實是，分行經理也只是一個在銀行工作的職員，他領取的僅僅是銀行發放的薪水，銀行的錢跟他並沒有關係。關於存款貶值的事情，分行經理只是從一個專業者的角度提出了他的分析結果，

所以這個推論不成立，是由不相干謬誤所致。

　　再來看一個在邏輯學中非常著名的例子。有一條鐵軌上有 5 個人，而與之相鄰的另一條鐵軌上有 1 個人。你開著火車向這兩條鐵軌駛來，並且只有這兩條鐵軌可供選擇。問題是：你是選擇撞死那 5 個人，還是選擇撞死那 1 個人呢？

　　親愛的讀者，要是你，你會怎麼選擇呢？對，無論你怎麼選擇，在道德上都說不通。提問者就是運用了不相干謬誤把你逼上了道德的絕境。但難道就非得選擇撞死人嗎？難道我就不能選擇緊急停下火車嗎？由此可見，一旦邏輯謬誤在生活中被有心利用，將會帶來很大的困擾。

　　除此之外，詭辯者還會用不相干謬誤進行人身攻擊，然而，不管是攻擊對方的人格、動機、態度，還是攻擊對方的地位、階級、處境等，都不能用不相干謬誤來論證詭辯者的論點。詭辯者常常藉不相干謬誤渾水摸魚，企圖達到其詭辯的目的。事實上，如果有了扎實的邏輯理論作支撐，我們就能識別種種邏輯謬誤，順利脫離詭辯的旋渦。

後此謬誤：你上班沒帶傘，所以下班不會下雨

　　後此謬誤（post hoc fallacy）的錯誤之處，在於把兩件僅僅存在先後關係的事情，強行賦予了因果關係，並且把發生在前的事情，認為是發生在後事情的必然原因。所以，後此謬誤又稱事後歸因、巧合關係（coincidental correlation）。

　　曉露吃過早飯準備去上班。媽媽說：「天氣預報說今天會下

後此謬誤：你上班沒帶傘，所以下班不會下雨

雨，妳帶傘出門。」曉露嫌麻煩，不願意帶，但又不想被媽媽嘮叨，於是說：「我上班不帶傘，所以下班不會下雨。」

　　看來曉露以為龍王自己是好閨密，她不帶傘就不會下雨。在這個推理過程中，「上班」與「下班」之間僅僅存在先後關係，而曉露卻強行為這二者賦予了因果關係。這是一種不符合邏輯的推理，自然推斷出來的結果要被歸為謬誤一類。

　　對於詭辯者來說，這種謬誤為其提供了一個障眼法。有了這個障眼法，詭辯者能夠證明許多無效結論，達到詭辯的目的。

　　對於辯論來說，邏輯謬誤是其天敵，因此，辯論唯恐避邏輯謬誤不及；而對於詭辯者來說，邏輯謬誤是其密友，詭辯者有了這個密友的支持，能夠在詭辯中如魚得水。但如果我們學習了邏輯學，有了嚴密的邏輯思維支撐，我們就能識破邏輯謬誤，並且運用嚴謹的邏輯思維戰勝詭辯者，讓詭辯者無處遁形，還辯論一片理性的天空。

第 1 章　邏輯謬誤：外行看笑話，內行看門道

第 2 章
概念的兩大類型

第 2 章　概念的兩大類型

　　不論是學習任何學科還是任何理論，首先應該瞭解其概念。概念是對一門學科、一個理論的權威解釋，有了這個權威解釋後，接下來才不至於雜亂無章。本章將帶大家一起來瞭解邏輯學的概念，從權威的角度揭開邏輯學的神祕面紗。

一分鐘讀懂邏輯學的概念

　　邏輯學建立在邏輯推理的基礎上，主要包括概念、命題和推理。其中，概念是思維形式最基本的組成單位，我們可以先看一個案例。

　　一對雙胞胎失散多年，第一次相見卻因為長相引發了爭論，因為一個人太胖，一個人太瘦。

　　瘦子：「你為什麼長得胖？」

　　胖子：「因為我吃得多。」

　　瘦子：「你為什麼吃得多？」

　　胖子：「因為我長得胖。」

　　胖子的回答讓人啼笑皆非。他回答第一個問題時以「吃得多」為理由；而他回答第二個問題時，又以「長得胖」為理由。

　　其實，胖子和瘦子的爭論陷入困境的原因，就是對「概念」的理解有錯誤。「長得胖」和「吃得多」是兩個不同的概念，並沒有直接的因果關係。為了弄清這個問題，我們需要知道概念的兩個基本邏輯特徵 —— 內涵（intension）和外延（extension），以及概念之間的關係。

概念的兩個基本邏輯特徵

概念的內涵：概念所反映的事物的特性或本質。

概念的外延：反映在概念中的一個個、一類類的事物。

為了便於理解，舉例說明。

1. 藝術品

(1) 內涵：用來欣賞的作品。

(2) 外延：字畫、雕塑等不同性質、用途的、供人們欣賞的作品。

2. 網紅

(1) 內涵：有一定影響力，並有大量粉絲的網路紅人。

(2) 外延：Instagram 紅人、自媒體紅人、直播紅人。

3. 自媒體

(1) 內涵：私人化、平民化、普泛化、自主化的傳播者。

(2) 外延：部落格、Facebook、LINE、Instagram、論壇等。

根據案例可以看出，內涵偏向於用肯定句表述事物的特徵、本質，而外延偏向於具體的事物。

概念的種類

概念之間的關係可以分為一致關係和不一致關係兩大類。

1. 一致關係（consistent）

(1) **同一關係**，是指外延完全重合的兩個概念之間的關係。

例如，「華盛頓」與「美國首都」這兩個就是同一關係的概念。

（2）**從屬關係**，是指一個概念的外延，包含另一個概念的全部外延的兩個概念之間的關係。例如，「學生」和「大學生」這兩個概念，前者的外延就包含後者的全部外延，這兩個概念就是從屬關係的概念。

（3）**交叉關係**，是指外延有且只有一部分重合的兩個概念之間的關係。例如，「軟體工程師」和「電腦專家」，這兩個概念的外延就有且只有一部分重合，是交叉關係的概念。

2. 全異關係

（1）**矛盾關係**，是指兩個概念之間的關係，即兩個概念的外延是互相排斥的，而且這兩個概念的外延之和，窮盡了它們概念的全部外延。例如，「男性」和「女性」。

（2）**反對關係**，是指兩個概念之間的關係，即兩個概念的外延是互相排斥的，而且這兩個概念的外延之和沒有窮盡它們概念的全部外延。例如，「綠色」和「黑色」。

現在我們就可以解答胖子與瘦子的問題了。「長得胖」屬於體重，而「吃得多」屬於飲食。體重與飲食屬於不一致關係中的反對關係。體重的多少與飲食有一定的關係，但是二者外延之和，並沒有窮盡其全部外延。例如，運動與體重也有關係。

趣味題

接下來將為大家呈現與之相關的趣味題。

一個正常小孩出生時體重 4.5 公斤是真的嗎？

在美國出生的正常小孩，在三個月大時平均體重為 5.44 ～ 6.35 公斤。因此，如果一個三個月大的小孩體重只有 4.5 公斤，那麼他的體重成長低於美國平均體重水準。

以下哪一項指出了上述推理中的缺陷？

A. 體重只是正常小孩成長的一項指標。

B. 一些 3 個月大的小孩體重有 7.71 公斤。

C. 一個正常的小孩出生時體重達到 4.5 公斤是有可能的。

D. 平均體重成長同平均體重並不相同。

【答案與解析】 D

這是一種典型的偷換概念。在這個推理過程中，提出的前提條件是平均體重，且推理過程中講到的也是平均體重問題，但是得出的結論卻是體重成長的問題。實際上，平均體重與體重成長是兩個不同的概念，它們之間沒有必然聯繫，所以造成了推理缺陷。在提出的四個選項中，A 項表述雖然沒有錯誤，但僅僅是一個陳述，與造成推理缺陷的原因沒有關係；B 項和 C 項也是在陳述一個事實，並且符合短文中的論述，但同樣沒有指出推理中的缺陷；D 項直接指出了偷換概念是造成推理缺陷的要害之處。故答案為 D。

餐桌上最少是幾個人

某間餐廳中，一桌人邊用餐邊談生意。其中，一個人是韓國人，兩個人是亞洲人，一個人是美國人，兩個人只做電腦生意，三個人只做服裝生意。

假設以上的介紹涉及這餐桌上所有的人，那麼，這一餐桌上最少可能是幾個人？最多可能是幾個人？

A. 最少可能是 3 人，最多可能是 8 人。

B. 最少可能是 5 人，最多可能是 8 人。

C. 最少可能是 5 人，最多可能是 9 人。

D. 最少可能是 3 人，最多可能是 9 人。

【答案與解析】 B

這是一種對概念間關係的典型考查方法，因此，在這種推理過程中，最重要的是對概念間關係的理解和疏導。在推理過程中，可以借助假設法來幫助推理。在求最少人數時，假設有兩個人只做電腦生意，三個人只做服裝生意，那麼最少有 5 人。同理，在求最多人數時，首先，韓國人肯定是亞洲人，其次，假設其他條件都不重合，那麼可得最多有 8 人。

哪裡人與特長有關係嗎

在某校新當選的校學生會的七名幹部中，有一個基隆人，兩個北部人，一個高雄人，兩個特長生（即有特殊專長的學生），三個清寒生（即有特殊經濟困難的學生）。

假設上述介紹涉及了該校學生會的所有幹部，則以下各項關於該校學生會幹部的斷定中，除了哪一項外，都與題幹不矛盾。

A. 兩個特長生都是清寒生。

B. 貧困生不都是南部人。

C. 特長生都是南部人。

D. 基隆人是特長生。

【答案與解析】 A

　　這道題依然屬於邏輯學中的概念間的關係問題。解答這類題還是從分析關係入手，輔以假設法。首先，基隆人一定是北部人，所以得到按哪裡人劃分涉及的人有 3 個；其次，因為題幹中說特長生有 2 個，清寒生有 3 個，假設三者都不交叉的話，可知共有 8 個人，而題幹中說只有 7 個人，那麼說明另外還有且只有 1 個交叉情況。由此可得到 A 選項與題幹矛盾。

狂你兒子疫苗

　　一名女子領著狗去看獸醫，於是發生了下列對話。

　　醫生：「這隻貴賓犬……」

　　女子：「對不起，請你尊重點，不要叫他『犬』，他是我寶貝兒子。」

　　醫生：「請問妳兒子多大了？」

　　女子：「九個月。」

　　醫生：「請問妳兒子哪裡不舒服？」

　　女子：「他最近心情不好，總喜歡咬人。」

　　醫生：「請問妳兒子以前打過『狂你兒子疫苗』嗎？」

　　以下哪項屬於從屬關係？

　　A. 女子與獸醫。

　　B. 犬與兒子。

C. 獸醫與醫生。

D. 兒子與獸醫。

【答案與解析】C

根據概念之間的五大關係可以看出，A 項，女子與獸醫屬於交叉關係；B 項，犬與兒子屬於反對關係；C 項，獸醫是醫生的一種，所以二者為從屬關係；D 項，兒子與獸醫也屬於反對關係。一般來說，同一關係與從屬關係很容易判斷，而另外三種則不容易判斷，可以採用排除法來判斷。

「說一套，做一套」背後的祕密

不少人口頭說一套，背後做一套，透過對此種現象的思考，有學者提出，我們只要求普通人遵守「底線倫理」。 根據你的理解，以下哪一選項作為底線倫理的定義最合適？

A. 底線倫理就是不偷盜、不殺人。

B. 底線倫理不是要求人無私奉獻的倫理。

C. 如果把人的道德比作一座大廈，底線倫理就是該大廈的基礎部分。

D. 底線倫理是作為一個社會人所應遵守的一些最基本的行為規範。

【答案與解析】D

這屬於邏輯學中的概念問題。「底線倫理」應該如何定義呢？我們可以這樣分析，底線倫理的定義需要用肯定的句式陳述，陳述「底

線倫理」的特性或本質，由此可排除 A、B 兩項。A 項中含有否定詞，B 項也是如此。C 項在陳述外延時運用了比喻句式，而非陳述句式。所以經排除，D 項正確。

故事

接下來我們就一起看看此類故事。

肥胖兒童的數量

隨著社會經濟的不斷發展，人們的生活水準也在不斷提高。與此同時，兒童的肥胖率也越來越高，而過於肥胖不利於兒童的身體健康。若要還兒童一個健康的身體，就需瞭解兒童肥胖的原因。

根據過去十年調查得出的結論是：以高於 85% 的同齡兒童的體重作為肥胖的標準，肥胖兒童的數量一直在持續上升。如果上述調查的結論是正確的，那麼，可以得出：十年來，非肥胖兒童的數量也在持續上升。

這一個小故事告訴了我們許多道理，我們可以從多個角度來解讀。現在，我們主要從邏輯學的角度來解讀。

這個小故事已經提出了肥胖兒童的定義，即「以高於 85% 的同齡兒童的體重為肥胖的標準」。那麼這個定義說明了什麼呢？從這個定義中可以得出，一個地區肥胖兒童的數量，始終占所有兒童的 15%；而後故事中又繼續說，肥胖兒童，即 15%

的兒童的數量一直持續上升。這句話說明兒童的總數量在增加，當然，非肥胖兒童，即 85% 的兒童的數量同時也在上升。

你是月光族，你就應該用次等品

在我們的身邊有這樣一群人，他們有穩定的收入來源；然而每到月底，他們就青黃不接了，這一群人被稱為月光族。有的人贊同「月光」，因為他們覺得人生短暫，應該及時行樂；有的人反對「月光」，因為他們覺得人生變數太大，禍福轉換往往只在旦夕之間，應該好好存錢；還有的人持中立的態度，他們既不反對「月光」，也沒有明確表示支持「月光」，而是給月光族提出了一個意見 ── 應該多用次等品。

例如，學校裡的窮學生經常吃泡麵，對這些學生來說，泡麵就是次等品。而在家庭生活中，隨著人們收入減少，但對食鹽的需求卻不會降低。

在這個過程中，收入在變化，需求也在變化。同理可得，食鹽不屬於次等品，因為在收入變化的過程中，人們對食鹽的需求並沒有發生變化。

什麼是生命

匈牙利愛國詩人裴多菲曾說過：「生命誠可貴，愛情價更高。若為自由故，二者皆可拋。」那麼何為生命呢？路人甲與路人乙開始對這個問題進行討論了。

甲：「什麼是生命？」

乙：「生命是有機體的新陳代謝。」

甲：「什麼是有機體？」

乙：「有機體是有生命的個體。」

透過路人甲與路人乙的對話，你明白生命是什麼了嗎？不明白也沒有關係，因為我們現在在討論邏輯學中的概念問題。

那麼，什麼是邏輯學呢？路人甲與路人乙繼續討論。

甲：「什麼是邏輯學？」

乙：「邏輯學是研究思維形式結構的規律的科學。」

甲：「什麼是思維形式結構的規律？」

乙：「思維形式結構的規律就是邏輯規律。」

不愧是出自同樣的兩個人之口，這兩段對話簡直神似。這兩段對話不僅在形式上一樣，就連邏輯上也幾乎一樣，而且犯了一樣的邏輯謬誤 —— 循環定義邏輯謬誤。所以說，如果你從中看不懂「生命」、「邏輯」等也沒有關係，重要的是我們應該要能夠看出這其中的邏輯謬誤。

在第一段討論「生命」的對話中，乙在解釋「生命」的定義時用到了「有機體」這一概念，而後在解釋「有機體」時，又用到了「生命」這一概念；而在對「邏輯學」的討論中他也犯了類似的錯誤，用「研究思維形式結構的規律的科學」來解釋「邏輯學」，又用「邏輯規律」來解釋「思維形式結構的規律」。看似他用了很多概念、理論，其實一個問題也沒有解釋清楚。

第 2 章　概念的兩大類型

到底是誰在漏稅

作為國家公民，我們在享有合法權利的同時，也應履行國家的義務，比如納稅，而漏稅、逃稅則屬於違法行為。

那麼有以下四個案例，到底誰漏稅了呢？

案例一：杜某開了一家書店，國稅局對他的稅款實行查帳徵收。當客戶不要求開發票時，他就不開發票，而當有大筆交易並且客戶要求開發票時，他就將發票客戶聯撕下來，客戶聯與存根聯分別填寫，客戶聯上按實際數字填寫，而存根聯上則填寫較小的數字。

案例二：某著名歌星在舉辦了一場個人演唱會，總收入高達四十萬元，根據演出協定，這位歌星拿到了總收入的 25%，約十萬元。第二天，該歌星又赴另一城市巡迴。

案例三：張大伯是一家小商店的店主，主要經營日用百貨，國稅局核定他每月繳稅款兩千五百元，他每個月都準時繳納稅款，但上個月由於家中出了事情，幾乎沒有營業，當然也就沒有什麼盈利，因此就沒有繳稅。

案例四：黃興是一名屠夫，他做這一行已經好多年了。最近豬肉緊缺，價格上漲很快，政府對豬肉設定了最高限價。由於生豬的價格又很高，他的利潤很低，因此黃興對官員說，如果政府不取消限價，他就不繳稅。

根據漏稅的定義，其實不難判斷是誰在漏稅，即「並非故意」。對於故事中提到的四個案例，看起來都涉及沒有繳納或拒

絕繳納的問題，但仔細分析會發現，案例一中杜某的行為顯然是故意的，他這不是漏稅，而是在逃稅；案例三中，張大伯因為沒有營業而不繳稅款，如果你覺得張大伯的行為是正確的，那麼你就犯了訴諸主觀情感的謬誤。實際上，張大伯知道應該繳納稅款，所以這是故意而為之的行為，不屬於漏稅；案例四中黃興的行為更傾向於抗稅；只有案例二中的歌星可能不知道該繳納個人所得稅，也許他認為這筆稅款該由舉辦方支付，因此他沒有繳稅並非故意而為之，符合漏稅的定義。

招生詐騙捲款潛逃，是誰的責任

相信大家常常能夠見到各種各樣的代理。那麼，究竟何為代理？代理是代理人依據被代理人的委託，或根據法律規定、法院或相關機構的指定，以被代理人的名義，在代理許可權內所實施的民事法律行為。這種行為所產生的法律後果由被代理人承擔。代理講究品牌效應，因此常見各種品牌的代理商。而代理借助品牌效應，能夠增加銷量，盈利更多。

一個混混也看中了代理的這條盈利捷徑，他在某名牌大學分校招生為名，騙取了大量學費，然後捲款逃跑，使得那些交錢的學生苦悶不堪，別人高高興興地邁進大學的門檻，卻落得錢財與名譽兩空的境地。這下問題來了：招生詐騙捲款逃走，責任該由誰來承擔呢？

在分析由誰承擔責任的問題時，就得運用邏輯學的知識了。透過仔細閱讀代理的定義，我們可以知道代理有三種形

第 2 章　概念的兩大類型

式，分別為委託代理、法定代理和指定代理。如果代理行為是在代理許可權內實施，那麼其後果應由被代理人承擔。

但是我們回到故事中，這位混混其實就是一位無業遊民，他與該名牌大學之間不存在任何關係，當然更談不上任何形式的代理關係了，他這個「代理」純屬虛構捏造。因為混混與該名牌大學之間不存在代理關係，所以混混的行為是一種詐騙行為，並且該名牌大學也是這件事情的受害者（名譽受到損害），這件事情的責任該由混混來承擔。

第 3 章

直接推理與三段論法

第 3 章　直接推理與三段論法

　　直接推理與三段論法，是邏輯學中兩個重要的組成部分。直接推理是邏輯思維的文字表達形式，它主要包括五大基本類型，而三段論法是一種典型的邏輯推理方式。對於邏輯學的初學者來說，運用三段論法來進行邏輯推理，可以避免出現邏輯漏洞，從而使自己的推論更加嚴謹。

一分鐘讀懂直接推理與三段論法

　　直接推理，是思維形式的外在表現，也是思維過程的文字表現形式。而這種思維過程往往是判斷事物情況的過程，所以也叫判斷。無論日常思維還是科學思維，借助直接推理能夠幫助人們把握客觀事物的本質和規律。

　　三段論法，是直接推理推理的核心理論，由直接推理構成的三段論稱為三段論法。具體地說，三段論法是由包含一個共同項的兩個直接推理推出一個直接推理的推理。三段論法的應用範圍非常之廣，既是演繹邏輯理論的重要組成部分，又是言語交際中廣泛使用的一種推理方式。

直接推理的五大類型

　　簡單判斷某物具有或不具有某種性質的命題叫作直接推理，也叫直言判斷或性質命題。一般來說，直接推理由主項、謂項、量項和聯項四種詞項組成。

　　例如：所有網紅都是正妹。

　　上例中的「網紅」是主項，「正妹」是謂項，「所有」是量項，「是」是聯項。在這種採取主項─謂項形式的命題中，謂項要對主項有所斷定，因此，稱這種命題為直接推理。從命題形式的角度說，直接推理可以看作是表達主項和謂項包含關係的命題，如上例，可以視為是斷定網紅的集合包含於正妹的集合之中。

　　直接推理可分為五種基本類型。

(1) 全稱肯定判斷。這種直接推理的邏輯形式是「所有 S 都是 P」，可寫為「SAP」，簡稱為 A 判斷。例如：所有人的老公都是宋仲基。

(2) 全稱否定判斷。這種直接推理的邏輯形式是「所有 S 都不是 P」，可寫為「SEP」，簡稱為 E 判斷。例如：所有樹葉都不一樣。

(3) 特稱肯定判斷。這種直接推理的邏輯形式是「有 S 是 P」，可寫為「AIP」，簡稱為 I 判斷。例如：有的商家是統一旗下的。

(4) 特稱否定判斷。這種直接推理的邏輯形式是「有 S 不是 P」，可寫為「SOP」，簡稱為 O 判斷。例如：有的東西不是金錢能買到的。

(5) 單稱肯定判斷。這種直接推理的邏輯形式是「某 S 是 P」，可寫為「SaP」，簡稱為 a 判斷。例如：巴黎是法國的首都。

第 3 章　直接推理與三段論法

　　值得一提的是，在我們的日常交際中，常常會用到直接推理。由於日常語言表達的隨意性，往往使得直接推理以不規範的形式呈現，因此在邏輯分析中，我們應先將其整理成規範形式。例如，「凡人皆有死」，應整理成「所有的人都要死」，這是 A 判斷；「有人不自私」，應整理成「有的人不自私」，屬於 O 判斷。

三段論法

　　在上一小節中，我們已經介紹了什麼叫三段論法。因此在這一小節中，我們從三段論法的組成成分入手，重點分析如何運用三段論法來幫助推理，先來看以下例子。

　　例如：老榮民都應該受到尊重，周爺爺是老榮民。所以，周爺爺是應該受到尊重的。

　　這是一個標準的三段論法，「所以」之前為前提部分，「所以」之後為結論部分。其中，結論中的主項叫作小項，用「S」表示，如上例中的「周爺爺」；結論中的謂項叫作大項，用「P」表示，如上例中的「應該受到尊重」；兩個前提中共有的項叫作中項，用「M」表示，如上例中的「老榮民」。

　　在三段論法中，其前提又可分為大前提和小前提。其中大前提是指含有大項的前提條件，小前提是指含有小項的前提條件。如上例中的「老榮民都應該受到尊重」，這就是大前提；「周爺爺是老榮民」，這就是小前提。

　　三段論法的具體應用表現在推理中。這個推理過程主要是

借助中項的媒介作用，結合前提中表明的大前提與小前提的關係，從而推導出確定的結論。

細心的讀者可能會發現，這些項所指的對象範圍（外延）呈現出了一定的大小順序，即它們的範圍大小是按照小項＜中項＜大項。

趣味題

犯罪分子都是年輕人嗎？所有商人都是奸商嗎？員工的薪水老闆想扣就扣嗎？想要知道答案嗎？那就一起來看看下面的趣味題吧！

犯罪分子都是年輕人

並非所有犯罪分子都是年輕人。

下列哪項與上述命題等價？

A. 所有犯罪分子都不是年輕人。

B. 犯罪分子中有年輕人。

C. 有的犯罪分子不是年輕人。

D. 沒有一個犯罪分子不是年輕人。

【答案與解析】C

根據直接推理的類型的概念，可以判定題目提出的是一個全稱肯定判斷，即 SAP，而與 SAP 等值的命題是其否命題特稱否定判斷，即 SOP。所以得出 C 項為正確答案。

第 3 章　直接推理與三段論法

因為無商不奸，所以孫正義是奸？

日本商人孫正義，生意做得很大，算得上是富甲一方。而他的行為如他的名字一樣，堂堂正正做人，規規矩矩做生意，並且賺錢的同時也不忘回報國家，在業界口碑良好。然而，最近發生的一件事卻讓孫正義一籌莫展。原來是有人說：「無商不奸，因為孫正義是商人，所以孫正義是奸詐的人。」

這件事傳到了一位邏輯學家的耳朵裡。邏輯學家給造謠者出了一道邏輯推理題，謠言隨即不攻自破。那麼，這道神奇的題目是什麼呢？

設「並非無商不奸」為真，則以下哪項一定為真？

A. 所有商人都是奸商。

B. 所有商人都不是奸商。

C. 並非有的商人不是奸商。

D. 有的商人不是奸商。

【答案與解析】 D

「並非無商不奸」是一種日常語言表達方式，將它轉換為規範形式是「認為所有商人都是奸商是不對的」，這是一個全稱肯定判斷。由 SAP 等值於 SOP，可以得到，肯定有的商人不是奸商。故 D 項為正確答案。

孫正義的清白，就從這麼一道簡單的邏輯推理題中得到了證明。

老闆說扣你薪水大家都贊同，你同意嗎？

在上一道趣味題中，我們認識了不是奸商的商人孫正義。但「無商不奸」可不是沒有原因的。有一位老闆想方設法扣員工薪水，在一次員工大會上，老闆宣讀了好幾十條規定，並強調，如果員工違反任何一條規定，將以扣薪的形式處罰。規定一經宣讀，引起了一片譁然。可老闆視若無睹，趁機宣布：「此規定沒有異議，大家都贊同，通過。」會議就在這樣一片怨聲載道中結束了。

雖然說螳臂難以擋車，但員工也不是好欺負的。員工們合計，決定去找邏輯學家求助。邏輯學家聽說了這位老闆的行為，也感到很氣憤，於是為前來求助的員工們出了這樣一道題。

如果以上（老闆在大會上宣讀的規定）不是事實，下面哪項必為事實？

A. 大家都不贊同。

B. 有多數人不贊同。

C. 有些人贊同，有些人反對。

D. 至少有人是反對的。

【答案與解析】D

透過對老闆在大會上宣讀的規定「大家都贊同」的分析，可以知道，這是一個全稱肯定判斷，是 SAP，與其等值的命題是其否命題，即 SOP。全都贊同的反面是有人不贊同，即可能全都不贊同，也可能只有一個人不贊同，所以不能得到多數贊同的結論。故選項 D 為正

確答案。

　　事實是在老闆宣讀完規定後，全體員工都持反對意見，只是沒有表達的機會罷了。現在只需要派出幾個代表發聲，就能將老闆的規定推翻，維護員工們的合法權益，這不禁讓人感嘆邏輯學於生活的巨大意義。

故事

雞蛋都是圓的

　　雞蛋因其口感好、營養價值高，成為人類餐桌上不可多得的一道美食。如此好的雞蛋，當然不僅僅只有人類喜愛了，比如人類最忠誠的朋友 —— 狗，也非常愛吃蛋。在《伊索寓言》中有這樣一段文字：有一隻狗喜歡吃蛋，久而久之，認為所有雞蛋都是圓的。有一次牠看見一個圓圓的海螺，以為是雞蛋，於是一口就把海螺吞下肚，結果肚子痛得直打滾。

　　看了這個小故事後，我們真為狗的智商著急；但我們更應該做的，是分析狗誤吃海螺背後的原因。故事中提到「牠認為所有雞蛋都是圓的」，那麼這是牠誤吃海螺的原因嗎？答案：不是。因為從「所有雞蛋都是圓的」，以及海螺是圓的，不能推斷出海螺是雞蛋。既然狗會一口吞下海螺，說明在狗的眼裡海螺就是雞蛋。換句話說，狗不僅認為「所有雞蛋都是圓的」，還認為「所有圓的都是雞蛋」。

其實，分析到這裡，相信大家已經明白了這只狗上當的原因，因為牠犯了邏輯謬誤。從邏輯上講，這隻狗將不周延的項變成周延的。（周延是指一個概念外延範圍被斷定的情況。）「所有雞蛋都是圓的」，這是全稱肯定判斷，其謂項「圓的」不周延；而當狗由這個判斷進而得出並確信「所有圓的都是雞蛋」時，卻把「圓的」周延了。三段論法的使用規則包括，「在前提中不周延的項在結論中不得周延」。所以「所有雞蛋都是圓的」，並非「所有圓的都是雞蛋」，狗犯了邏輯謬誤，最終導致誤食海螺。

德國人、白種人、日爾曼人，頭暈了嗎？

很久以前，在德國居住的所有居民中，有德國人、白種人和日爾曼人。雖然這些人所屬的民族不同，但因為都擁有同一國籍，相處得非常和睦。也正是因為這些不同民族的人和睦相處、團結合作、共同抵禦外敵，德國才越來越強大。

隨著德國越來越強大，經濟也越來越發達，物質基礎越來越堅實。有了豐厚的物質基礎後，德國人開始尋求精神層面的滿足。邏輯題大討論便是德國人非常熱衷的一種文化活動。

一天，德國人舉行了一場邏輯題大討論，討論的題目是：所有德國人都是白種人，有些德國人不是日爾曼人，為使上述命題為真，還應該補充一個什麼條件？對於這道題，A、B、C、D、E 五個人各自提出了不同的答案。

A：「有些白種人是日爾曼人。」

B：「有些白種人不是日爾曼人。」

C：「有些日爾曼人是白種人。」

D：「有些日爾曼人不是白種人。」

E：「有些德國人是日爾曼人。」

這道邏輯題雖然只有 37 個字，形式非常簡單，卻需要很強的邏輯思維去推理，才能得出正確答案。從以上五個人的回答中也能看出，有的人邏輯思維不嚴謹，或者缺乏邏輯思維，最終得出的答案偏離了正確軌道。

分析這道題，首先從命題的前半句話入手，即從「所有德國人都是白種人」入手，這是一個全稱肯定判斷，由此可以推出，不是白種人就不是德國人；再看命題中的後半句話，即「有些德國人不是日爾曼人」，將上一個條件代入其中，可以推出，有些白種人不是日爾曼人。所以，B 的推理是正確的。

H 到底是哪種人

相傳在一座名為黑白島的小島上，居住著因紐特土著和北婆羅洲土著。都說一山不容二虎，其實一個小島也容不下兩個民族的人。這倒不是因為小島的空間小，而是因為這兩個民族的人意見不一致。他們圍繞小島的領導權三天一大吵，兩天一小吵，但最終也沒有吵出一個結論。

後來有人想出了一個辦法，有效終結了這種相互爭吵的局面，這也是這個小島名為黑白島的原因：讓這兩個民族的人分別穿上黑白兩種顏色的衣服，各自占據小島的一半，統領各自的民族。於是小島有了規定：所有因紐特土著都穿黑衣服，

所有北婆羅洲土著都穿白衣服，並且沒有既穿白衣服又穿黑衣服的人。

一天，有個名為 H 的人因為誤吃了一種野果而失憶了，他無法想起自己到底是因紐特土著還是北婆羅洲土著，但是他是穿白衣服的。於是 H 找人求助，找了很多人都沒能判斷出 H 到底屬於哪個民族。最後在一位邏輯學家的幫助下，H 確定了自己不是因紐特土著。

從「所有因紐特土著都穿黑衣服」這個命題中可以推出，H 不是因紐特土著，因為 H 不穿黑衣服。故事中說到「所有北婆羅洲土著都穿白衣服」，但這個「白衣服」沒有周延，也就是說，北婆羅洲土著都是穿白衣服，但穿白衣服的不一定是北婆羅洲土著，其他人也可能穿白衣服。所以只能斷定 H 不是因紐特土著。

外國人沒申請就業許可證

政府規定，所有外籍人口都要辦理居留證，辦理了居留證者才可以獲得就業許可證。

一天，有兩個人向勞保局反映，說是遇到了拖欠薪水。這兩個人一個自稱是泰國來的學生，並且是中式餐廳學徒，一個自稱是辦理了居留證的中式餐廳學徒。勞保局的工作人員受理這兩個人的投訴後，立即向移民署核實資訊。

移民署的資訊顯示：所有泰國從業人員都辦理了居留證，所有辦理了居留證的人員都獲得了就業許可證，有些泰國人在

泰語補習班，有些則當泰國餐廳的廚師，而所有的中式餐廳學徒都未獲得就業許可證。

勞保局工作人員透過分析移民署提供的資訊後，果斷否定了這兩個人所說的話，即這個自稱從泰國、並且屬於中式餐廳學徒是假冒的，辦理了居留證的中式餐廳學徒也是假冒的。

其實，移民署提供的資訊就是一道邏輯推理題。根據這些資訊，可以直接推出的是，所有泰國從業人員都獲得了就業許可證；同時可以肯定的是，所有中式餐廳學徒都未獲得就業許可證。從這兩個結論中可以推出，泰國從業人員是中式餐廳學徒存在矛盾，前者獲得了就業許可證，而後者沒有。因此，可以肯定這個人是假冒的；同理可得，那個辦理了居留證的中式餐廳學徒也是假冒的。

誰拋了 W 股票

證交所透過對該部門股民持倉品種的調查發現，大多數經驗豐富的股民都買了 W 股票，而所有年輕股民都選擇了 N 股票，而所有買了 W 股票的股民都沒買 N 股票。證交所的調查結果公示後，有人說：「有些年輕的股民是經驗豐富的股民。」也有人說：「有些經驗豐富的股民沒買 N 股票。」還有人說：「年輕的股民都沒買 W 股票。」

在大家的猜測聲中，該證交所公布了其調查背後的正確意思：有些經驗豐富的股民沒買 N 股票，年輕的股民都沒買 W 股票。

「所有年輕的股民都選擇了 N 股票」，這是一個全稱肯定判斷，由此可以推出它的逆反命題，即選擇了 W 股票的都不是年輕的股民。所以得出結論：年輕的股民都沒買 W 股票。「大多數經驗豐富的股民都買了 W 股票」，這是一個特稱肯定判斷，再看第三個條件，「所有買了 W 股票的股民都沒有買 N 股票」，由後兩個條件可以推出，有些經驗豐富的股民沒有買 N 股票。

價格昂貴的蘋果手機，用起來就是順

有人說，這個世界上有兩顆蘋果最為神奇。一顆是砸在牛頓頭上的那顆蘋果，它催生了萬有引力定律；另一顆則是被賈伯斯「咬」了一口的蘋果。由賈伯斯主導研發的蘋果手機的問世，推動了智慧型手機的普及，而且在全世界掀起了一股蘋果熱潮。

蘋果手機能受到年輕人青睞，是因為其精美的外觀和良好的性能。而正是由於蘋果手機的性能達到了數一數二的高度，以至於有人說：「有些性能好的手機是蘋果公司生產的，所有蘋果公司生產的手機都昂貴，而昂貴的手機無一例外地得到年輕人的青睞。」又有人說：「這些說法綜合起來告訴了人們，得到年輕人青睞的手機中，有些性能並不好。」這又是為何呢？

原來，以這個故事為背景，呈現出的是一道邏輯推理題，最後得到的結論是根據前面所給條件推斷出來的。具體推理過程是：從故事所提出條件來看，性能好的手機包括蘋果手機，但絕不僅僅限於蘋果手機，蘋果公司生產的手機昂貴，不代表

第 3 章　直接推理與三段論法

其他公司生產的手機不昂貴；而昂貴的手機都得到了年輕人的青睞，所以其他公司生產的昂貴的手機也得到了年輕人的青睞，但是這些手機性能並不一定好。

有沒有要參加四百公尺賽跑？

在遙遠的西方有一個矮人國，這個國家每年有兩件舉國歡慶的大事：一件事情是全民比身高大會，另一件事情是全民田徑運動會。而在整個田徑運動會中，又數頒獎典禮最為熱鬧。但是在今年的頒獎典禮中卻出現了一個小插曲。

國王已經準備好了豐盛的獎品，那些奮力取得勝利的選手也已經做好了準備，就等國王宣讀自己的名字上臺領獎了。這個時候，一位大臣向國王提議說，作為一個全面發展的國家，我們不僅要有健壯的體魄，還應該有嚴謹的思維，應該現場考查這些優秀選手的思維能力。於是他在現場為選手出了一道題，答對者獎品翻倍，答錯者取消獲獎資格。

大臣出的題目是：在本屆運動會上，所有參加四百公尺比賽的田徑選手都參加了一百公尺比賽。再加上一項什麼陳述，可以合乎邏輯地推出「有些參加兩百公尺比賽的田徑選手沒有參加四百公尺比賽」？

這下現場開始沸騰，選手甲說：「有些參加兩百公尺比賽的田徑選手也參加了一百公尺比賽。」選手乙說：「有些參加四百公尺比賽的田徑選手沒有參加兩百公尺比賽。」選手丙說：「有些沒有參加一百公尺比賽的田徑選手參加了兩百公尺比賽。」

選手丁說：「有些沒有參加兩百公尺比賽的田徑選手也沒有參加一百公尺比賽。」

聰明的讀者你知道誰答對了嗎？沒錯，丙是這次雙倍獎品的獲得者，也就是說丙答對了。

那麼原因何在呢？對於這道題的推理，大家可以使用假設法，即假設某一個條件是正確的，將這個條件代入題幹中，看所得出結論是否與已知結論相一致。如果與已知結論相一致，則假設成立；反之，假設不成立。

在這道題中，大家可以假設丙的回答是正確的，即有些沒有參加一百公尺比賽的田徑選手參加了兩百公尺比賽。而這個條件的另一個意思就是，有些參加兩百公尺比賽的田徑選手沒有參加一百公尺比賽。因為題幹中說到，所有參加四百公尺比賽的田徑選手都參加了一百公尺比賽，所以由丙的回答可以合乎邏輯地推出「有些參加兩百公尺比賽的田徑選手沒有參加四百公尺比賽」。

最後國王宣布丙是這次田徑運動會的最終冠軍，因為丙展現了嚴謹的邏輯思維能力，理應獲得雙倍獎品。

網美一定是女神

今天大家看到的大多數網美大都是：白皮膚，大眼睛，高鼻梁，好身材。

在網美的基礎上又誕生了一個新的名詞 —— 女神，廣義上的女神等同於網美，但真正評判一個人是不是女神的標準更嚴

格，不僅要具備以上條件，還要滿足高智商、高情商。

有人說：「某些女神是從網美中產生的，因此，某些網美一定是女神。」而網美一定是女神嗎？她可以是，也可以不是。這取決於你為她添加一個什麼樣的前提條件了，當然這就是邏輯學的魅力所在。

如果為這句話添加一個條件：所有的網美都具有高智商、高情商的特徵，那麼，所有網美都是女神。自然，某些網美是女神是成立的。

但如果為這句話加上一個條件：某些女神不是從網美中產生的，她們除了以上條件外，還具有高學歷，那麼很多網美都不是女神。自然，網美一定是女神是一個假命題。

導演是不是大嗓門

網路上曾經流行一個話題，討論各行各業的人都應該具有的氣質，比如藝術家就應該有藝術家的氣質。那麼，什麼是藝術家的氣質呢？所謂藝術家的氣質就是留著大長髮、大鬍子，穿著五顏六色的衣服，總之要與眾不同。在這個討論，某位 F 導演被作為「批評」對象，因為網友認為 F 導演不具備一個導演的「氣質」。

原來在網友看來，導演就應該留著大鬍子、有著大嗓門。按照網友的邏輯，F 導演應該是留大鬍子的大嗓門。那麼，要讓 F 導演符合網友心目中的形象，應該還要為其添加一個什麼樣的條件呢？

結合三段論法的概念來看，應該添加的條件是：所有的導演都是大嗓門。新添加的這個條件結合「有些導演留著大鬍子」，就能夠推斷出 F 導演是一位留著大鬍子的大嗓門。添加上這個條件以後，F 導演就成了大家心目中符合導演氣質的人。

F 導演雖然電影拍得非常好，但是要想封住網友八卦的嘴，還得從邏輯學上下功夫。看來要想讓網友心服口服，心悅誠服地認同自己，不僅要有堅實的專業技術，還得有極其嚴密的邏輯思維。

你媽喊你回家吃飯，要不要騎腳踏車

在 H 市有一所高中，是該市的明星學校。學校響亮的名號吸引了來自不同地方的學生，這些學生又形成兩個派別：一派回家吃午飯，一派留校吃午飯。

由於學校所有騎腳踏車上學的學生都回家吃午飯，因此有些家在郊區的學生不騎腳踏車上學。為使上述結論成立，還應該補充一個什麼條件？

甲：「騎腳踏車上學的學生的家都不在郊區。」

乙：「回家吃午飯的學生都騎腳踏車上學。」

丙：「家在郊區的學生都不回家吃午飯。」

丁：「有些家在郊區的學生都不回家吃午飯。」

透過分析題幹可以知道，這是一個三段論法，只不過缺少了一個前提條件。而要補充一個有了結論、但是缺少前提條件的三段論法，目標十分明確，只需要找到中項。在這個三段論

法中，「回家吃午飯」是中項。所以，在需要補充的前提條件中必須包括「家在郊區」和「不回家吃午飯」兩個條件。綜合來看，只有丁的回答是正確的，既包括了「家在郊區」這個條件，又包括了「不回家吃午飯」這個條件。

第 4 章
複合命題及其推理

第 4 章　複合命題及其推理

　　第 3 章中講到的直接推理是一種簡單的命題形式，但是在實際生活中遇到的問題往往比較複雜，複合命題就應運而生。既然有了複合命題，那麼複合命題推理的出現也就是水到渠成的事情。

一分鐘讀懂複合命題及推理

　　複合命題（combination of sentences）是指由兩個或兩個以上的簡單命題組成的命題形式，這些簡單命題通常是由一些邏輯聯結詞連接成複合命題。複合命題又能細分為合取命題、析取命題和假言命題。

　　例如：判斷一個人是不是女神，既要看其是否擁有姣好的外表，又要看其是否有內涵。這個複合命題說明了女神必須同時具備兩種特徵 —— 姣好的外表和內涵，兩者缺一不可。

合取命題及其推理

　　合取命題是複合命題中的第一種基本類型，這是對一事物的多種情況同時存在的判斷的命題。

　　例如：要想成功達到減肥的目的，既要管住嘴，又要邁開腿。這就斷定了成功減肥必須要「管住嘴」和「邁開腿」這兩種情況同時存在。

　　由合取命題的概念，即「同時判斷了事物的幾種情況」，可以得出，聯言支（指合取命題的支命題）的真假決定了合取

命題的真假。換句話說，如果一個合取命題的每個聯言支都是真的，那麼這個合取命題為真；反之，如果合取命題中有一個聯言支是假的，那麼這個合取命題為假。簡單來說，就是一假則假。

合取命題的推理形式可以分為兩種類型，分別為分解式和組合式。

分解式是一種由一個真合取命題推出各聯言支為真的推理形式。

例如：既然大家都認為老虎不是被武松打死的，就是被武松嚇死的，那我說老虎是被武松打死的是對的。

組合式是指由各聯言支為真推出合取命題為真的推理形式。

例如：羽生結弦是奧運冠軍，金妍兒也是奧運冠軍，所以，羽生結弦和金妍兒都是奧運冠軍。

析取命題理論

析取命題是複合命題中的第二種基本類型，這是對一事物多種可能情況的判斷的命題。換句話說，這是一種表示從多種情況中選擇一種情況的命題。

例如：明天或者去上班，或者在家休息。這個析取命題表明了明天的安排有兩種可能性，「或者去上班」和「或者在家休息」，並且只能在這兩種情況中選擇一種。

析取命題由支判斷組成，這些支判斷通常在兩個及其兩個以上，這些支判斷就是析取命題的支命題，也被稱為選言支。

第 4 章　複合命題及其推理

選言支之間存在一致或不一致兩種關係，根據這兩種關係，析取命題又可分為一致析取命題與不一致析取命題兩種類型。

1. 一致析取命題

如果析取命題中各選言支之間屬於一致關係，那麼這個析取命題就被稱為一致析取命題。也就是說，多個選言支之間可以是並列的關係，並且導致一種結果出現的原因一定在選言支中存在。

一致析取命題通常表示為「p 或者 q」。

例如：小黑的人緣差，也許是由於他的人品不好，也許是由於他長相平凡。由這個例子可以看出，在一致析取命題中，所斷定的事物的若干可能情況是可以並存的。也就是說，「人品不好」和「長相平凡」也可共同導致「人緣差」這一結果。

有了一致析取命題相應就有一致選言推理，這種推理形式隸屬於選言推理，其特徵是以一致析取命題作為前提。

從一致析取命題的概念中可以知道，一致析取命題的各選言支可以同時為真。如果我們要推出選言支為假，不能透過否定其一個選言支為假得出；同理，如果要肯定一部分選言支為真，也不能透過否定一部分選言支為假得出。由此，可以總結出兩條推理規則。

第一條，在一個一致析取命題的推理過程中，如果要否定一部分選言支，那麼就要透過肯定另一部分選言支得出；第二條，在一個一致析取命題中，如果要肯定一部分選言支，不能

透過否定另一部分選言支得出。

2. 不一致析取命題

如果析取命題中各選言支之間屬於不一致關係，那麼這個析取命題就叫作不一致析取命題。在不一致析取命題中，儘管一個事物被認為有多種可能情況存在，但實際上有且只有一種真實情況存在。

不一致析取命題通常用「要麼 p，要麼 q」來表示。

例如：一個人要麼是生，要麼是死。從這個例子中可以看出，在不一致析取命題中，所判斷的關於事物的幾種可能情況是不能並存的。

由不一致析取命題的概念可以知道，只有在恰好有一個選言支為真時，整個不一致析取命題才為真；同理，如果要得到整個不一致析取命題為假，那麼要求所有選言支都為假或不止一個選言支為假。

由不一致析取命題可得出不一致選言推理，這是一致選言推理的逆向思維，在邏輯推理過程中有著重要地位。不一致選言推理有兩個重要形式，記住這兩個形式能夠讓我們在邏輯推理過程中節省時間。這兩個形式分別是否定肯定式和肯定否定式。

例如：要麼甲獲得了冠軍，要麼乙獲得了冠軍。這就屬於否定肯定式。

例如：高橋現在不是在東京，就是在大阪。這就屬於肯定

第 4 章　複合命題及其推理

否定式。

　　從不一致析取命題的概念中可以得出，不一致析取命題具有選言支不能同時為真的邏輯性質。由這個性質可以得出不一致選言推理的兩條規則。

　　第一條，在一個不一致析取命題中，如果要肯定其中一個選言支，那麼就要否定其餘所有的選言支；第二條，在一個不一致析取命題中，如果要否定多個選言支，就要肯定其餘不被否定的那些選言支。

充分條件與必要條件

　　複合命題的第三種基本類型是假言命題。如果一個命題是對事物之間條件關係的判斷，那麼這個命題就是假言命題。在假言命題中，同樣有多個支命題存在。為了更好地區分複合命題的各種類型，我們用「前件」來指代假言命題中表示前提條件的支命題，用「後件」來表示由「前件」推出的結論命題。值得注意的是，假言命題的邏輯性質由假言命題的連接詞直接決定。

1. 充分條件假言命題

　　在一個假言命題中，如果前件是後件的充分條件，那麼這個假言命題叫作充分條件假言命題。

　　例如：如果你閉關鎖國，那麼你就會落後。這就是一個充分條件假言命題。如果一個國家不與外界溝通就會停滯不前，那麼就會落後。也就是說，「閉關鎖國」必然導致「落後」。所以，前件「你閉關鎖國」是後件「你就會落後」的充分條件。

在充分條件假言命題中,通常會有明顯的連接詞作為語言標誌。這類連接詞有「若……則……」、「只要……就……」、「若……必……」等。

充分條件假言命題通常表示為「若 p,則 q」。

在充分條件假言命題中,前件是後件的充分條件,也就是說,有了前件,後件必然成立。如果在一個充分條件假言命題中,它的前件為真,後件卻為假,那麼可以得出這個充分條件假言命題為假。除了以上特例外,充分條件假言命題必定為真。這一點對於準確把握一個充分條件假言命題的邏輯性質是非常重要的,因此要重點掌握。

例如:如果過度排放氟利昂,那麼就會造成臭氧層破洞。從這個例子中可以看出,只有在「過度排放氟利昂但臭氧層沒有破洞」的情況下,這個充分條件假言命題才是假的,除了這種情況之外,這個充分條件假言命題必定為真。

由充分條件假言命題可以得到充分條件假言推理。這種推理有兩種形式,分別為肯定前件式和否定後件式。

例如:如果誰驕傲自滿,誰就要落後。這等價於如果一個人驕傲自滿了,那麼他一定會落後。因此這個例子屬於肯定前件式充分條件假言命題。

例如:如果下雨,我就延遲出遊計畫。這個例子等價於如果我沒有延遲出遊計畫,那麼沒有下雨。因此這個例子屬於否定後件式充分條件假言命題。

2. 必要條件假言命題

在一個假言命題中，如果前件是後件的必要條件，那麼這個假言命題叫作必要條件假言命題。所謂前件是後件的必要條件，是指如果後件事物情況要存在，必須在前件事物存在的情況下才能存在，即前件存在是後件存在必不可少的條件，沒有前件就沒有後件。

例如：只有跟宋仲基一樣帥的人，才能被稱為「國民老公」。表達必要條件假言命題的連接詞有「只有……才……」、「不……（就）不……」、「沒有……沒有……」等。

必要條件假言命題通常表示成「只有 p，才 q」。

同理，由必要條件假言命題可以得到必要條件假言推理。這種推理同樣有兩種形式，它們分別為否定前件式和肯定後件式。

例如：沒有賈伯斯，就沒有今天的蘋果手機。從這句話中我們可以推出，今天有了蘋果手機，是因為當初有賈伯斯的存在。因此這是一種否定前件式必要條件假言命題。

例如：只有學習邏輯學，才能擁有嚴謹的邏輯思維。從這個推理過程中，可以得知沒有嚴謹的邏輯思維是因為沒有學習邏輯學，也就是說，學習邏輯學是擁有嚴謹邏輯思維的必要條件。因此這是一個肯定後件式必要條件假言命題。

在運用必要條件假言推理時要注意，必要條件假言命題的前件反映的情況通常只是後件情況必不可少的條件之一，它往

往需要與其他條件相結合才能共同導致後件所反映的情況。由此得出，必要條件假言推理有兩條規則。第一條規則是，在必要條件假言推理中，如果否定了前件相應要否定後件，如果肯定了後件相應要肯定前件；第二條規則是，在必要條件假言推理中，如果肯定了前件就不能肯定後件，如果肯定了後件就不能否定前件。

例如：只有正，才能稱為網美。她是網美，所以，她一定很正。這個推理是必要條件假言推理的肯定後件式，是正確的；再如：只有荔枝來了，才能博得楊貴妃一笑。荔枝送來了，所以楊貴妃一定笑了。這個推理是必要條件假言推理的肯定前件式，根據規則，它是錯誤的。

趣味題

複合命題包含聯言、選言、假言三種基本類型的命題，而這三種命題各自又能細分成不同的類別，並且各自有各自的使用規則。要想真正掌握這些規則，練習是必不可少的。所以接下來我們學以致用，透過趣味題來鞏固理論知識，掌握複合命題的使用方法。

隔壁老王「駕崩」了沒

隔壁老王最近迷戀上了哲學，他還一度向外人宣稱，自己就是蘇格拉底再世。隔壁老王有一句「經典名言」，他經常說：

第 4 章　複合命題及其推理

「我思考，所以我沒有『駕崩』。如果我『駕崩』了，那麼我不思考。如果我思考，那麼人生就意味著虛無縹緲。」

若把「人生並不意味著虛無縹緲」補充到上述論證中，那麼隔壁老王還能得出什麼結論？

A. 我思考。

B. 我不思考。

C. 我沒「駕崩」。

D. 我「駕崩」了。

【答案與解析】 B

由題幹所提出的資訊可以整理出以下條件關係式：

（1）「駕崩」了 —— 不思考。

（2）思考 —— 人生虛無縹緲。

若「人生並不意味著虛無縹緲」，由（2）式的否定後件式可得「不思考」，所以，老王還能得出 B 項結論。

誰的筆電帶數據機

知道什麼叫古董筆記型電腦嗎？就是沒有數據機的筆記型電腦。如果你的筆記型電腦是 1999 年以後製造的，那麼它就帶有數據機，就不是古董筆記型電腦了。

上述斷定可由以下哪個選項得出？

A. 只有 1999 年以後製造的筆記型電腦才帶有數據機。

B. 所有 1999 年以後製造的筆記型電腦都帶有數據機。

C. 有些 1999 年以前製造的筆記型電腦也帶有數據機。

D. 所有 1999 年以前製造的筆記型電腦都不帶有數據機。

【答案與解析】B

此題可用假設代入法推理。假設 B 項不成立，即「有些 1999 年以後製造的筆記型電腦沒有數據機」，這個條件與題幹相矛盾。所以，B項成立才能推出你的筆記型電腦不是古董筆記型電腦。

王永慶一定能成功

有人說，如果缺乏奮鬥精神，就不可能有成就；王永慶有很強的奮鬥精神，因此，王永慶一定能成功。

下述哪項為真，則上文推論可靠？

A. 王永慶的奮鬥精神異乎尋常。

B. 不奮鬥，成功只是水中之月。

C. 成功者都有一番奮鬥的經歷。

D. 奮鬥精神是成功的唯一要素。

【答案與解析】D

由題幹中的「如果缺乏奮鬥精神，就不可能有較大成就」可以推出，「奮鬥精神」是「較大成就」的必要條件；從另一句「王永慶有很強的奮鬥精神」直接推出「她一定能成功」的結論。要達到這種推斷效果，就要求把「奮鬥精神」作為「成功」的充分條件。只有奮鬥精神是成功的唯一要素，奮鬥精神才是成功的充分條件。因此，D 項為正確選項。

第 4 章　複合命題及其推理

柯文哲能不能到達會場

　　臺北市長柯文哲要趕去參加上午 10 點的重要會議。助理告訴柯市長：「如果來接您的車 delay，那麼您就不能按時到達會場。」事實上司機已經啟程，因此助理得出結論：柯市長能按時到達會場。另一位會議負責人告訴助理：「你的前提沒錯，但推理有缺陷；我的結論是，柯市長最終將不能按時到達會場。」

　　以下哪項對上述斷定的評價最恰當？

　　A. 負責人對助理的評論是正確的，負責人的結論也由此被強化。

　　B. 雖然負責人的結論的依據不足，但他對助理的評論是正確的。

　　C. 負責人對助理的評論有缺陷，負責人的結論也由此被弱化。

　　D. 負責人對助理的評論是正確的，但負責人的結論是錯誤的。

【答案與解析】 B

　　在這道題中，有兩個推理過程，一個是助理的推理，另一個是負責人的推理。從助理的推理過程中可以得出：柯市長的車 delay —— 他就不能按時到會；司機已經啟程 —— 柯市長能夠按時到會。

　　由充分條件假言命題的推理規則可知，否定前件，後件不一定成立，即柯市長能否按時到會是不一定的。因此，助理得出「柯市長能按時到會」的結論是有缺陷的。同理，負責人得出「柯市長最終將不

能按時到會」的結論同樣是有缺陷的。可見，答案為 B。

並非范冰冰既高又瘦

范冰冰的美貌有目共睹，可是盲人眼中的范冰冰又是何種
形象呢？盲人說：「並非范冰冰既高又瘦。」

如果上述斷定是真的，那麼，下述哪項一定是真的？

A. 范冰冰高但不瘦。

B. 范冰冰瘦但不高。

C. 范冰冰既不高也不瘦。

D. 如果范冰冰高，那麼她一定不瘦。

【答案與解析】 D

「並非范冰冰既高又瘦」，這是一個否定式的合取命題，其等
價於「范冰冰不高或者不瘦」。因此，D 項：如果范冰冰高，那麼她一定不
瘦，為正確答案。

范冰冰確實被稱為「微胖女神」。看來盲人雖然看不見，但是思維
嚴謹，心如明鏡。大概這位盲人學過邏輯學吧！

好消息！總經理要提拔你和小林！

最近你和小林的業績非常出色，連續三個月超額完成任
務。這讓總經理非常高興，當眾宣布要提拔你們兩個人。你和
小林聽到這個好消息後，工作得更加賣力了。於是總經理去找
董事長商量提拔你和小林的事。

總經理：「我主張兩人中至少提拔一人。」

董事長：「我不同意。」

以下哪項最為準確地表述了董事長的實際意思？

A. 你和小林兩人都得提拔。

B. 你和小林兩人都不提拔。

C. 你和小林兩人中至多提拔一人。

D. 如果提拔小林，則不提拔你。

【答案與解析】 B

總經理的話是一個合取命題，即最好提拔你和小林，兩個人中不能一個都不提拔。董事長對這個合取命題進行了否定，實際上是肯定了這兩個人都不提拔。

吸菸就會罹癌，當兵就變宋仲基

韓劇《太陽的後裔》紅遍了全球，以至於有了以下對話。

甲：「吸菸就會罹癌，當兵就變宋仲基。」

乙：「我不同意你的看法。」

以下哪項最為準確地表述了乙的意思？

A. 不吸菸也罹癌，不當兵也要像宋仲基。

B. 不吸菸也不罹癌，當兵也不像宋仲基。

C. 吸菸也不罹癌，當兵也不像宋仲基。

D. 不可能吸菸而不罹癌，不可能當兵不像宋仲基。

【答案與解析】 C

「吸菸」是「罹癌」的充分條件，但不是必要條件，所以甲說的話

是充分條件假言命題。乙對甲說的話進行了否定，也就是說，這個充分條件假言命題變成了其否定形式，也就是 C 選項的內容。

紅了櫻桃，綠了芭蕉

甲說：「如果紅了櫻桃，那麼綠了芭蕉。」

乙說：「我不同意。」

那麼，乙實際上同意下列哪項？

A. 只有芭蕉綠，櫻桃才紅。

B. 只要芭蕉不綠，櫻桃就不紅。

C. 除非櫻桃沒紅，否則芭蕉不綠。

D. 櫻桃紅了，但是芭蕉沒綠。

【答案與解析】D

甲說的話實際上是一個充分條件假言命題，乙說的話實際上使得這個充分條件假言命題變成了其否定形式。這個充分條件假言命題的否定形式就是「紅了櫻桃且芭蕉沒有綠」。所以，D 選項正確。

甲又說：「只有紅了櫻桃，才會綠了芭蕉。」

乙說：「我不同意你的看法。」

那麼，乙實際上同意下列哪項？

A. 如果芭蕉綠了，那麼櫻桃紅了。

B. 除非芭蕉不綠，否則櫻桃紅了。

C. 櫻桃沒紅，但芭蕉綠了。

D. 或者櫻桃紅了，或者芭蕉沒綠。

【答案與解析】C

這次甲說的話是一個必要條件假言命題，乙依然否定了這個必要條件假言命題。這個必要條件假言命題的否定形式為「櫻桃沒紅且芭蕉綠了」。所以，C 選項正確。

張忠謀有沒有發言權

在一次投資集團的會議上，台積電董事長張忠謀作為代表與會。會議結束後，兩名記者在討論代表發言情況。甲：「只有正式代表才可以發言。」乙：「不對吧！張董也是正式代表，但他並未發言。」乙的回答是把甲的話錯誤地理解成了以下哪項？

A. 所有發言的人都是正式代表。

B. 張忠謀要發言。

C. 所有正式代表都發言了。

D. 沒有正式代表發言。

【答案與解析】C

從這兩個人的對話中可以推出，甲認為發言的都是正式代表；乙認為沒有發言的可能也是正式代表，發言的不一定是正式代表。乙對甲的話提出了質疑，但實際上又沒針對甲的話，乙的話實際上是「正式代表一定要發言」這個命題的否命題。可見，事實上是乙把甲的話理解為正式代表是發言的充分條件。因此，C 項為正確答案。

小王老婆生的孩子，一定不是老王的嗎？不好說

小王的老婆昨天生了個寶寶，全家人都高興得不得了，然

而小王卻怎麼也高興不起來，這是為什麼呢？原來小王在醫院的時候，與醫生之間有過如下一段對話。

醫生：「如果父母都是 O 型血，其孩子的血型也只能是 O型，這是遺傳規律。」

小王：「不可能，我是 B 型血，而我的孩子是 O 型血。」

小王最有可能把醫生的陳述理解為以下哪項？

A. 只有 O 型血的人才會有 O 型血的孩子。

B. O 型血的人不可能有 B 型血的孩子。

C. B 型血的人永遠都會有 O 型血的孩子。

D. 如果父母都是 B 型血，其孩子也會是 B 型血。

【答案與解析】 A

醫生的意思是，父母是 O 型血可以推出孩子是 O 型血，而小王理解為，孩子是 O 型血且父母一定是 O 型血。小王把醫生的話理解為父母是 O 型血是孩子是 O 型血的必要條件。所以，正確答案為 A。

小王實際上是對醫生的話產生了質疑，但是並沒有反駁作用，因為小王的質疑是對醫生的話理解有誤所致。這也是小王不高興的原因，他擔心孩子是隔壁老王的！所以邏輯學沒學好，後果很嚴重。

故事

在日常生活中處處都會用到邏輯推理。由於日常生活事物的瑣碎性，這些邏輯推理往往會以複合命題的形式呈現。如果

第 4 章　複合命題及其推理

沒有嚴謹的邏輯思維，不能釐清事物間的邏輯關係，就極有可能鬧出笑話。

老闆又要提拔你了，如何對他表忠心？

　　對一名兢兢業業、任勞任怨的員工來說，還有什麼事情能比得上被老闆提拔更高興呢？可是，老闆在提拔員工之前，總是希望能夠聽見員工將要在新的工作崗位上的工作決心。對，如何表決心非常重要，哪怕你不願意被提拔。

　　某學院要提拔一位品行端正、學識淵博的教授擔任院長，但這位教授只想在學術和教學上有所建樹，便對與他談話的組織代表說：「我不能勝任這個職務。」組織代表問：「為什麼？」他答道：「如果我說的是真話，那就不應提拔我 —— 明明不能勝任，為什麼還要提拔？如果我說的是假話，那就更不應提拔我 —— 一個說假話的人怎麼能被提拔呢？總之，無論我說的是真話還是假話，都不能提拔我。」

　　看，這位教授也是在「表忠心」，但他表的是不想被提拔的忠心。這就猶如一部影視作品，要想有高的收視率或票房，作品本身的品質和必要的包裝宣傳缺一不可。許多優良電影上映後卻票房不佳，就是因為缺少必要的廣告宣傳和媒體炒作。

　　學習了邏輯學，再面對類似的問題時，不管願意被提拔與否，相信大家都能夠應對得遊刃有餘。

「0 負評女神」L 小姐喜不喜歡演戲

一所大學的邏輯學考試中，出現了一道這樣的題目：如果 L 小姐喜歡表演，那麼她報考戲劇系；如果她不喜歡表演，那麼她可以成為戲劇理論家；如果她不報考戲劇系，那麼她不能成為戲劇理論家，由此可以推出 L 小姐將會報考戲劇系。

其實在這個故事中，L 小姐是「被」不喜歡表演。L 小姐被該大學的邏輯學老師陷入了「兩難」的抉擇 —— 「喜歡表演，報考戲劇系」和「不喜歡表演，可以成為戲劇理論家，報考戲劇系」。所以不管 L 小姐喜歡表演與否，她都將報考戲劇系。「0 負評女神」最終還是報考了戲劇系，她會繼續為大家帶來更多更精彩的影視作品，大家敬請期待。

伊拉克是不是很穩定

都說活在新聞裡最幸福，而活在經濟學家的口中也非常幸福。在經濟學家看來，伊拉克的政治動亂是經濟有效運轉不可缺少的前提條件，因此伊拉克經濟富足，人民生活幸福，以下是經濟學家的原話：

「任何有經濟效益的國家都能夠創造財富。僅當一個國家的財富平均分配時，這個國家才能保持政治穩定。財富的平均分配消除了風險的存在，而風險的存在正是經濟有效運轉不可缺少的前提條件。也就是說，沒有國家能夠無限期地保持經濟效益和政治穩定。」

第 4 章　複合命題及其推理

　　在經濟學家看來，政治動亂剛好為經濟發展提供了條件，而經濟發展了就能給民眾創造幸福的生活。這不禁讓人感嘆，活在經濟學家的價值觀中真好！經濟學家所不瞭解的實際情況是：政治動亂為別國干涉內政提供了藉口，為經濟的對外發展帶來了諸多不利，這種種只會讓民眾陷於水深火熱之中而無法自拔。

如果我和你不去美國，前男友就會去日本

　　怡君不僅是女神，也很會讀書。她在大學期間談了兩場戀愛，有一個前任男友和一個現任男友。現在大學即將畢業，怡君打算出國繼續深造，想與男友分手，無奈男友死都不願意。於是怡君沒有告知男友就悄悄地出國了，走的時候留下一張紙條給男友，並且說，如果根據紙條猜出了自己去哪個國家，就不分手了。

　　紙條的內容大致是：如果我和你不去美國，那麼我的前男友去日本；而你不去美國，前任就不去日本。那麼我去了哪裡？

　　男友根據紙條猜出怡君去了美國，於是追到美國，找到了怡君。怡君既被現任的智商所「打敗」，也被現任的執著所感動，兩人重歸於好。

　　看完這則故事，怡君知道男友是如何猜出自己去了美國嗎？其實怡君給男友留下的是一道邏輯推理題。從紙條上的第一句話，即「如果我和你不去美國，那麼前男友去日本」，可以推出如果怡君的前男友不去日本，那麼怡君和男友至少有一個

人去美國；而紙條上的第二句話又說「你不去美國，前任就不去日本」，所以只剩下怡君去了美國。

想要追到美麗又聰慧的女神？就趕緊學習邏輯學吧！

小李創業了，小孫、小王和小張創業了嗎？

許多成功的創業案例激勵了更多人加入創業團隊。小李、小王、小張、小孫也想創業分得一杯羹，到底誰最終創業呢？

如果小李去創業，那麼，小孫、小王和小張也都去創業。如果以上斷定為真，可以得出，如果小張不去創業，那麼小李也不去創業。

看來小張和小李才是一對好兄弟！為何這麼說呢？請看以下分析：由「如果小張不去創業」，可以推出那麼，小孫、小王和小張並非都去創業；如果小孫、小王和小張並非都去創業，由故事所提出的已知條件可以推出，小李不去創業。因此，如果小張不去創業，那麼小李也不去創業。

籃球隊教練你真的惹不起

一提起籃球隊，可能大家的腦海裡立刻會浮現「NBA」幾個大字。籃球隊給人的感覺就是一個帥哥雲集的地方，無論是內行還是外行都能從籃球隊中找到自己的看點。其實大家不知道，籃球教練你真的惹不起。

有一個籃球隊教練規定：如果一號隊員上場，而且三號隊員沒有上場，那麼，五號與七號隊員中至少要有一人上場。教

第 4 章　複合命題及其推理

練的規定一經宣布就被執行，任何隊員都必須嚴格遵守。七夕那天，一號隊員因為陪女朋友沒有上場，結果該球隊輸掉了當天的比賽。賽後教練非常生氣，他讓一號隊員提出一個合理的解釋，否則就要開除他。一號隊員研讀了教練的規定，提出了一個沒有上場的原因，保住了自己在球隊的位置。

　　大家肯定都對一號隊員的回答感到好奇。其實一號隊員說的是，三號、五號、七號隊員都沒上場。那麼為什麼這句話能讓一號隊員免遭開除呢？原來是教練的規定有邏輯漏洞。

　　「一號隊員上場，並且三號隊員沒上場」，是「五號與七號隊員中至少有一人上場」的充分條件，現在要求尋找「一號隊員沒有上場」的充分條件。根據其等價的逆否命題可知道：「五號與七號隊員都不上場」，是「一號不上場或三號上場」的充分條件。所以，在五號與七號隊員都不上場，並且三號隊員不上場時能夠推出一號隊員不上場。一號隊員找到了教練規定中的邏輯漏洞，巧妙地化解了自己的危機。

電機腦筋急轉彎，轉不過來就被當

　　畢業對於大多數的畢業生來說，是一個充滿希望的時刻，然而這一刻對於電機系的學生來說，卻是無比緊張的時刻。因為學校規定，每個畢業生都要接受關於電機知識的腦筋急轉彎考查，回答對了則順利畢業，回答錯了則會被殘酷地被當，也就是說，四年的辛苦最終付諸東流。

　　這一次的題目是，一個熱力發電廠有 5 個閥門控制對外送

蒸汽，使用這些閥門必須遵守以下操作規則：

(1) 如果開啟 1 號閥，那麼必須同時打開 2 號閥並且關閉 5 號閥。

(2) 如果開啟 2 號閥或者 5 號閥，則要關閉 4 號閥。

(3) 不能同時關閉 3 號閥和 4 號閥。

現在要打開 1 號閥，那麼同時要打開的閥門是哪兩個？

題目宣讀後，學生們都埋頭於紙上運算，企圖透過專業知識解開這道題。其實他們找錯了方向，不但白費功夫，最後依然得不出正確答案，因為這是一道邏輯推理題。

透過研讀題幹（1），可以知道開 1，則開 2 關 5；研讀題幹（2），可以知道開 2 或 5，則關 4；研讀題幹（3），可以知道 3、4 不能同時關。釐清了題幹的關係再來看問題。當打開 1 號閥時，2 號閥開啟同時 5 號閥關閉；2 號閥開啟，那麼 4 號閥關閉；又 3 號、4 號閥不能同時關，那麼只能 3 號閥開啟。所以得到正確答案，此時開啟的是 2 號、3 號閥。

W 股票大跌四分之一，W 老闆稱不稱職

一間早餐店內，幾位阿伯大嬸表情嚴肅。原來，這幾位阿伯大嬸都是資深股民，在股市摸爬滾打了幾十年。一直以來，這幾位阿伯大嬸都非常信任 W 老闆，信任 W 公司；可是最近 W 股票大跌四分之一，這可讓這幾位阿伯大嬸非常著急。

這幾位阿伯大嬸的談話引起了店主的興趣，店主說：「如果 W 股票大跌四分之一，那麼是 W 老闆不稱職；如果 W 公司絲

毫沒有撤換老闆的意向，那麼 W 老闆就是稱職的；如果 W 公司的領導層不能團結一心，那麼是 W 老闆不稱職。」

　　一位阿伯接過店主的話說道：「店主說的話是真的，並且事實上 W 老闆不稱職。」一位大嬸接著說道：「那麼看來 W 公司已經出現了要換 W 老闆的意向。」另一位大嬸聽了這話，著急地說道：「既然如此，我們還等什麼？趕緊去把 W 股票賣了吧！」

　　碰巧的是，W 老闆正好也在這家早餐店裡。W 老闆聽了這些人的對話後，對這幾位阿伯大嬸說：「阿伯大嬸放心好了，W 股票下跌只是暫時的，我本人也不會被撤換。」

　　從店主的話中可以推出，W 股票下跌說明 W 老闆不稱職；如果 W 公司有撤換 W 老闆的意向，說明 W 老闆不稱職；如果領導層不團結，說明 W 老闆不稱職。接著阿伯說 W 老闆的確不稱職。因為股票下跌已經是事實，並且領導層團結與否不是大嬸關注的焦點，所以大嬸得出了 W 公司有了換 W 老闆的意向的結論。還好 W 老闆本人在現場給這幾位阿伯大嬸一顆定心丸，要不然阿伯大嬸們的高血壓肯定要發作。

只要站在風口，豬就能飛上天

　　有一天，物理老師正在上「動力作用」的課，忽然下起大雨，他有感而發，對學生說：「只要站在風口，豬就能飛上天。」

　　於是一個學生接著說：「如果豬沒有飛上天，則一定沒有風。」

另一個學生接著說：「除非有風，否則豬不能飛上天。」

這位物理老師聽了後，滿意地笑了。

可能這位物理老師僅僅只是有感而發，但從他說的話中我們可以找到這樣的邏輯關係，即站在風口是豬能飛的必要條件。從動力學的角度來講，風為豬起飛提供了動力。學生的回答既反映了他們正確理解了老師話中的邏輯關係，又反映了他們對動力學知識的掌握，所以這位物理老師由衷地感到欣慰。

堅決不犯法，後患太大了

在一間不見天日的監獄裡，幾個犯人正在聊天，而且聊得非常開心。那麼他們到底在聊些什麼呢？原來，他們都在吹噓自己入獄前有多麼厲害。

犯人甲說：「我是我們那片的金手，只要我一出手，絕對不會失敗。」原來這個人是一個神偷；犯人乙說：「我在我們那片就是國王，每個人都要主動孝敬我，臣服於我。」原來這個人是一個大貪官。

這時一位頭髮花白的犯人說：「如果你犯了法，你就會受到法律制裁；如果你受到法律制裁，別人就會看不起你；如果別人看不起你，你就無法受到尊重；而只有得到別人的尊重，你才能過得舒服。所以說，你犯了法，日子就不會過得舒服。你們一個個曾經那麼厲害，然而今天的日子過得非常糟。」聽了這位老犯人的話後，所有人都沉默不語了。

整理老犯人的話，我們可以得到這樣一條邏輯關係，如果

第 4 章　複合命題及其推理

犯法，就會受到制裁；如果被制裁，就會被看不起；如果被看不起，就不會被尊重；而只有被尊重，日子才會過得舒服。導致日子過得不舒服的最終因素就是犯法，監獄裡的人都是犯法者，那麼他們的日子自然不會舒服。所以他們聽了老犯人的話後沉默了。

發明家愛迪生遇到大事了

　　一年一度的國際辯論大賽如期舉行，今年辯論賽的主題是「發明家愛迪生遇到大事了」。這個主題公之於眾後，許多本來對這場辯論賽沒有多大興趣的人，也準時坐在電視機前收看這場辯論賽。

　　原來這場辯論賽的辯題是，「科學技術的發展到底是推動了社會文明的進步還是阻礙了社會文明的進步」。難怪與愛迪生扯上了關係，愛迪生自發明電燈開始，此後的所有發明都依靠電能作為動能。這使得電能的需求大大提高，促使了電能的開發，而電能的開發最終導致了各種環境問題的出現。

　　反方四辯在總結陳詞時說道：「19 世紀的電氣革命是建立在科學基礎上的技術創新，而這又使人類必須面對尖銳的倫理道德問題和資源環境問題。因此產生當今尖銳的倫理道德問題和資源環境問題的一個主要根源是電氣革命。也就是說，如果沒有科學與技術的結合，就不會有電氣革命。」

　　反方四辯犀利的言辭贏得了現場以及電視機前一陣陣喝彩聲。毫無懸念，這場辯論賽的勝出方是反方。

　　這位四辯的精彩言辭，正是其嚴謹的邏輯思維的外在表現，他的這一段話體現了嚴謹的邏輯推理過程。首先提出前提條件，電氣革命建立在技術與科學結合的基礎上，接著指出這個前提條件是導致各種問題的根源，也就是說，電氣革命是出現各種問題的充分條件。反方四辯將自己的觀點運用嚴密的邏輯進行轉化，既強調了自己的觀點，同時又展現了極強的思辯能力。

死心吧，江山和美人不可兼得

　　商紂王獨寵妲己，導致了商朝覆滅；周幽王為博褒姒一笑，烽火戲諸侯，最終使西周滅亡；唐玄宗忍痛殺楊貴妃，從而保住了大唐江山。所以，江山與美人、魚與熊掌，往往不可兼得。

　　於是有歷史學家總結道：「一個君王如果能放棄美人，就一定能使這個朝代延續得更久，這樣的一個君王要想保持政治穩定，那麼就應該將所創造的財富公正分配，財富的公正分配會降低人們勞動的積極性，但勞動的積極性又是朝代延續更久的不可或缺的先決條件。」看了歷史學家的總結後，有個讀者說：「一個國家的政治穩定和江山永保不可能並存。」

　　其實不用如此悲觀，因為與其說這位歷史學家是一位合格的歷史學家，還不如說他是一位優秀的邏輯學家。他並沒有釐清江山、美人、政治之間的實際關係，但是對這三者的邏輯關係講得很清楚。而那位悲觀讀者的邏輯思維也非常嚴謹，正確理解了歷史學家的邏輯。

第 4 章　複合命題及其推理

　　這也告訴我們，在做邏輯推理題時，要將具體的東西抽象化。在邏輯推理題中，很多事物已經不具備原有的意義，或是原有的意義被弱化，它們在題目中往往發揮一個引子的作用。

第 5 章
關係與模態

第 5 章　關係與模態

　　除了簡單命題與複合命題外，邏輯學中還有關係命題（relation）及模態命題（modality）。而學習完這兩種命題後，對邏輯學中命題的學習可以告一段落了。因為這兩種命題包含了某種邏輯關係或者某種邏輯狀態，所以對其的推理也有一套獨特的方法與要求。

一分鐘讀懂關係與模態

　　不論我們學習哪一門學科，還是學習哪一方面的知識，首先應該做的事情就是學習其概念。在本書的第 2 章中，我們已經著重講過概念的重要性。透過對第 2 章的學習我們知道，如果對概念沒有一個很好的把握，往往會事倍功半，甚至全盤皆輸。因此，要學習邏輯推理中的關係與模態，我們依然從概念入手。

關係命題及其推理

　　聯繫是普遍存在的，萬事萬物之間都存在某種聯繫。因此，當一個命題是判斷事物與事物之間存在何種關係時，我們就稱這個命題為關係命題。一個完整的關係命題由三個部分組成，這三個部分分別是關係、關係項和量項。我們將關係命題所陳述的對象稱為關係項。在這裡，關係項至少為兩個，多則不限。如果有兩個關係項，我們就稱這個關係命題為兩項關係命題。當然，如果有三個關係項，則稱這個關係命題為三項關

係命題，以此類推。

一般情況下，常見的是由兩個關係項和一個關係組成的兩項關係命題。關係命題的邏輯性質由其中的關係所決定，對稱性與傳遞性是兩項關係命題的兩種基本性質。

1. 對稱性關係

在一個兩項關係命題中，如果兩個關係項之間存在對稱性關係，則稱這個關係命題為對稱性關係命題。對稱性關係又分為對稱關係、非對稱關係和反對稱關係三種類型。

(1) 如果事物 1 與事物 2 之間存在一種確定的關係，同時，事物 2 也與事物 1 之間存在這種確定的關係，則稱這種確定的關係為對稱關係。

例如：小紅是小明的親戚、同學，小明也是小紅的親戚、同學。小紅與小明兩人之間同時存在「親戚、同學」的關係，所以這個關係屬於對稱關係。

(2) 如果事物 1 與事物 2 之間存在一種確定的關係，但是事物 2 與事物 1 之間不能確定是否有這種確定的關係，也就是說，事物 2 與事物 1 之間可能存在這種確定的關係，也可能不存在這種確定的關係，那麼就稱這種關係為非對稱關係。

例如：所有女孩都喜歡宋仲基，宋仲基知道這個消息後笑了笑，沒有明確表態。「所有女孩」與「宋仲基」之間的關係是確定的，即存在「喜歡」這種關係；而宋

仲基可能喜歡這些女孩，也可能不喜歡，即「宋仲基」與「所有女孩」之間的關係不能確定，所以這是一種非對稱關係。

(3) 如果事物 1 與事物 2 之間存在確定關係，並且事物 2 與事物 1 之間肯定不存在這種確定關係，則稱這種關係為反對稱關係。

例如：安琪是奧莉的媽媽，奧莉一定不是安琪的媽媽。這就是一個典型的反對稱關係。具有反對稱關係的關係命題，其關係項之間往往範圍或者程度不一致。

2. 傳遞性關係

在一個關係命題中，如果其關係項之間存在遞增或者遞減這種傳遞性關係，則稱這個關係命題為傳遞性關係命題。傳遞性關係同樣分為傳遞關係、非傳遞關係和反傳遞關係三種類型。

(1) 如果事物 1 與事物 2 之間存在一種確定的關係，事物 2 與事物 3 之間也存在這種確定的關係，並且事物 1 與事物 3 之間同樣存在這種確定關係，則稱這種關係為傳遞關係。

例如：直線 1 平行於直線 2，直線 2 平行於直線 3，那麼直線 1 也平行於直線 3。在這個例子中，三條直線都存在平行關係，並且直線 1 平行於直線 3 體現了平行關係，所以這是一種傳遞關係。

(2) 如果事物 1 與事物 2 之間存在一種確定關係，事物 2 與

一分鐘讀懂關係與模態
模態命題及其推理

事物 3 之間也存在這種確定關係，但是事物 1 與事物
3 之間不能確定是否存在這種確定的關係，則稱這種關
係為非傳遞關係。

例如：范冰冰與黃曉明是鄰居，黃曉明與趙薇是鄰居，
范冰冰經常去趙薇家吃飯。從這個例子的描述中，我
們並不能確定范冰冰與趙薇是不是鄰居關係。她們有
可能是鄰居，也有可能不是鄰居。也就是說，並不能
確定范冰冰與趙薇的關係，所以這是一種非傳遞關係。

(3) 如果事物 1 與事物 2 之間存在一種確定的關係，事物 2
與事物 3 之間也存在這種確定關係，但是事物 1 與事
物 3 之間肯定不存在這種確定關係，則稱這種關係為
反傳遞關係。

例如：太爺爺是爺爺的爸爸，爺爺是爸爸的爸爸，太爺
爺一定不是爸爸的爸爸。很顯然，太爺爺是爸爸的爺
爺，前兩者之間是父子關係，後面變成了爺孫關係，
所以這是一種反傳遞關係。

模態命題及其推理

在邏輯推理中，我們常常會看到諸如「必然」、「可能」、「不
可能」、「一定」等詞語。這些詞語往往表示一種類比狀態，因此
我們把這些詞語叫作「模態詞」。如果一個命題中包含諸如此類
的模態詞，那麼，這個命題就稱為模態命題。

在模態命題中，根據模態詞的性質，可將模態命題分為可

93

能模態命題、可能不模態命題、必然模態命題、必然不模態命題四種類型。

(1) 必然模態命題與必然不模態命題之間構成了反對關係，與可能不模態命題之間構成了矛盾關係，與可能模態命題之間構成了等差關係。

(2) 必然不模態命題與必然模態命題之間構成了反對關係，與可能模態命題之間構成了矛盾關係，與可能不模態命題之間構成了等差關係。

(3) 可能模態命題與可能不模態命題之間構成了反對關係，與必然不模態命題之間構成了矛盾關係，與必然模態命題之間構成了等差關係。

(4) 可能不模態命題與可能模態命題之間構成了反對關係，與必然模態命題之間構成了矛盾關係，與必然不模態命題構成了等差關係。

在模態命題的推理中，矛盾關係推理是最為基礎的推理理論。運用矛盾關係進行推理也是模態命題推理中最為常見的一種推理形式，因此要重點掌握。

趣味題

關係命題與模態命題是邏輯推理中的重點也是難點。這部分內容不好理解，但又非常重要，要求必須掌握。掌握好了這部分內容，並將它與其他章節的推理相結合，將會大大提高邏

輯推理的效率。接下來，我們以趣味題的形式幫助大家檢測對這一章理論知識的掌握程度，同時幫助大家鞏固對這一章內容的理解。

有窮的世界裡，部分是不是小於總體

　　依次取 n（$n>1$）個自然陣列成一個有窮數列，其中的奇數數列和偶數數列顯然都比該自然數數列短。但是，假如讓該自然數數列無限延長，則其中的奇數數列和偶數數列必定小於整體；在無窮的世界裡，部分可能等於整體。

　　下面哪項不可能是上面結論的邏輯推論？

　　A. 在有窮的世界裡，部分可能小於整體。

　　B. 在無窮的世界裡，部分必然不等於整體。

　　C. 在無窮的世界裡，整體可能等於部分。

　　D. 在有窮的世界裡，整體必定大於部分。

【答案與解析】 B

　　透過分析選項可以發現，選項 B「在無窮的世界裡，部分必然不等於整體」與題幹中「在無窮的世界裡，部分可能等於整體」是一對矛盾關係。所以由題幹結論的邏輯不能推出 B 項內容來，選擇 B 項。

　　再來看其他選項，A 項「在有窮的世界裡，部分可能小於整體」，題幹中明確說到「n 個自然陣列成的有窮數列，其中的奇數數列和偶數數列都比該數列短」，而這個奇數數列、偶數數列就是有窮世界中的部分，所以可能小於整體，A 項能夠由題幹推論出來；C 項與題幹中「在無窮的世界裡，部分可能等於整體」完全重合，當然能夠由題幹推

論出來；由「有窮世界中，部分比整體短」可以推論出 D 項。

明天有沒有地震，元芳你怎麼看

最近一段時期，有關要發生地震的傳言很多。一天傍晚，狄仁傑狄大人在院子裡乘涼。李元芳使了一招輕功，從屋頂上輕聲飛到了狄大人面前。元芳問在院子裡乘涼的狄大人：「狄大人，他們都說明天會地震。」狄大人說：「根據我的觀察，明天不必然地震。」元芳說：「那您的意思是明天肯定不會地震了。」狄大人說：「不對，元芳你是怎麼看的呢？」元芳陷入了迷惑。

以下哪句話與狄大人的意思最為接近？

A. 明天必然不地震。

B. 明天可能地震。

C. 明天可能不地震。

D. 明天不可能地震。

【答案與解析】C

狄大人說的是「明天不必然地震」，這是一個必然不模態命題。由必然不模態命題與可能不模態命題之間構成差等關係，可以推出「明天可能不地震」。C 項與狄大人的意思最為接近。

看來元芳還得加強邏輯學的學習呀！

德州有沒有恐龍頭骨

在德州恐龍發掘現場，專家預言：可能會發現恐龍頭骨。

以下哪項和專家意思相同？

A. 不可能不發現恐龍頭骨。

B. 不一定發現恐龍頭骨。

C. 發現恐龍頭骨的可能性很小。

D. 不一定不發現恐龍頭骨。

【答案與解析】D

專家的意思「可能發現恐龍頭骨」是一個可能模態命題，其否命題是「不一定不發現恐龍頭骨」，而這兩個命題之間是一種等價關係，所以得到答案為 D。

故事

又到了我們的故事時間了，我想這本書最大的魅力之處就是理論與故事的結合。相信大家經過理論知識和趣味題的洗禮，基本已經掌握了關係命題和模態命題。現在我們就借助幾個小故事來放鬆緊繃的神經。

三個小屁孩誰說得對

剛放假，三個小屁孩小王、小李和小張就擬定了出遊計畫。今天一大早他們三個人就聚在一起商量著什麼。原來，在他們的出遊計畫中，今天是要去爬山的。可是天氣預報卻說今天可能下雨，這讓三個小屁孩犯難了。如果今天真下雨了，那麼爬山可能會有危險；如果今天不去爬山，但是又沒有下雨的話，他們覺得白白浪費了一天大好時光。三個人圍繞天氣爭

論起來。

小王：「今天可能下雨，但不排除今天可能不下雨，我們還是去爬山吧。」

小李：「今天可能下雨，那就表明今天一定要下雨，我們還是不去爬山吧。」

小張：「今天可能下雨，只是表明今天不下雨不具有必然性，去不去爬山由你們決定。」

正在他們三個人爭論得不可開交，又沒有結果的時候，小王的媽媽出來了。小王的媽媽問清了事情的緣由後，對三個小屁孩說：「沒關係，你們就按你們的原計畫行動吧！」聽了王媽媽的話，三個小屁孩拿起早已準備好的東西，高高興興出發爬山去了。直到天黑，三個人才拖著疲倦的身體回到家中，全程沒有淋到一滴雨。

今天可能下雨，並不代表今天一定會下雨。也就是說，今天下雨是一個可能事件，而非必然事件。所以小王和小張說的話是正確的，王媽媽也推論出了這一點。

2200 萬元的拍賣會，誰贏了？

某支廣告的首次拍賣會，聚集了大量的廣告商。當天，拍賣會現場座無虛席，而經過多輪競拍，拍賣會現場的氣氛愈加緊張。在拍賣結果出來之前，媒體報導：「不可能 A 和 B 都沒有中標。」果然，A 最終以 2200 萬元的競拍價格拿下彈跳式廣告機會。

　　原來這家媒體報導的「不可能 A 和 B 都沒有中標」等價於「A 與 B 這兩家中必然會有一家能夠中標」。後來 A 確實中標了，這就證實了這家媒體的預言。其實這家媒體的報導是一個模態命題，他們在報導的時候運用了邏輯思維，為自己留有餘地，同時強化了報導的真實性。

第 5 章　關係與模態

第 6 章
歸納邏輯

第 6 章　歸納邏輯

依據大家的生活經驗可以知道，面對一項複雜的事物時，最好的處理辦法就是將其分類處置。在邏輯學中依然如此，不過，在邏輯學中我們將這種分類處理的方法稱之為歸納邏輯。其實生活中分類處理的思想就是對歸納邏輯的實踐。到底歸納邏輯有何益處，接下來將為你一一揭曉。

一分鐘讀懂歸納邏輯

在這一章中大家將學習一組新的邏輯概念以及一些相應的邏輯推理方法。這組新的邏輯概念隸屬於歸納邏輯。在日常生活中，常常會遇到這樣的情況：不停地從外面買東西放到冰箱中，而冰箱的容量有限，結果冰箱被擠得滿滿的。但是，只要你認真地將冰箱裡的東西歸納好，你就會發現冰箱裡還可以放下不少東西。其實，在邏輯推理中也是如此，當遇到多個前提條件時，歸納就能夠推出一個明確結論。

歸納法

歸納法（induction），就是指由個體特性推導出群體共性的推理過程。也就是說，在歸納法中，其推導出來的結論的範圍，

往往要大於所給前提的範圍。由此可以得到，歸納法的前提與結論之間的關係具有非必然性。換句話說，這是一種或然性關係，歸納法是一種或然性推理。所以，進行歸納法的時

候，大家可能會遇到由真前提推出假結論的情況。

與歸納法相對應的就是演繹法（deduction），演繹法是一種由群體共性推導個體特性的推理方式。歸納法與演繹法的區別主要存在兩個方面。

一方面是，這兩者在思維的不同，這個不同之處在兩者的概念中有準確的體現。歸納法是由個性到共性的推理，而演繹法是由共性到個性的推理；

另一方面是這兩者的前提，與所推導出來的結論的關係不同。歸納法中的前提與結論間是一種或然性關係；而演繹法的前提與結論間是一種必然性關係。

雖然歸納法與演繹法存在區別，但是不能完全將這兩種推理方式割裂。在認識事物以及邏輯推理的過程中，如果能夠將這兩種推理方式結合，往往能夠全面認識事物，使邏輯推理更加嚴謹，最終事半功倍。其實從歸納法和演繹法的概念中我們就能看到，這兩者之間就是一種「你中有我，我中有你」的關係。

完全歸納法

所謂完全歸納法（complete induction），就是指從一類事物的全部個體的特性中，歸納得出這一類事物的一般性特徵。

例如：地球、金星、木星、水星、火星、土星、天王星、海王星是太陽系的八大行星，天文學家曾對這八大行星的運行軌道做了考查，發現地球、金星、木星、火星、水星、土星、

第 6 章　歸納邏輯

天王星與海王星都沿著橢圓軌道繞太陽運行。從而天文專家得出，八大行星繞太陽運行的軌跡可以粗略地認為是圓。天文學家在得出這一結論的過程中就運用了完全歸納法。

由於完全歸納法的前提是某類事物的全部個體，因此由這種推理方式得出的結果與前提之間有著必然的聯繫。從這個方面來看，完全歸納法中又蘊含了演繹法的性質。

大家在運用完全歸納法時，有兩個方面需要特別注意。一是注意前提別遺漏，二是前提必須真。如果一個完全歸納法的前提沒有達到這兩個要求，那麼推理得出的結論不具有真實性。

儘管完全歸納法的實用性非常強，但它同時也具有局限性。這個局限性也正是體現在完全歸納法的前提上。在完全歸納法中，要求在前提中列舉該群體的所有個體情況，而很多群體的個體具有無窮性，沒法完全列舉。這就使得這種推理方式在很多情況下不能被使用。

不完全歸納法

因為完全歸納法具有一定的局限性，為了彌補這種局限性，於是就有了不完全歸納法（incomplete induction）。由此，我們也能得出不完全歸納法的定義，即不完全歸納法是根據某一群體中的部分個體特性，歸納得出這一群體的一般性特徵。

在不完全歸納法中，通常是根據兩種推理情況推理。第一種情況是透過某一群體中的部分個體所呈現的特徵，並且這些

特徵沒有出現例外的情況，從而歸納出這一群體所具有的一般
性特徵；第二種情況有點特殊，因為通常情況下使用這種方法
是根據某一事物本身的性質以及研究的需求，從而選擇該類事
物中較為典型的個體分析，最終得出該事物的一般性特徵，但
同時這種不完全歸納法法更具實用性。

　　比如，一個飽受頭痛困擾的漁夫出海捕魚。這個漁夫在捕
魚的過程中不小心弄破了腳趾流血，但是他感到頭不痛了，
漁夫對此並沒有在意。後來又有一次漁夫在頭痛難耐的時候，
無意又碰破腳趾同樣的地方，頭痛居然又奇蹟般好了。從這以
後，漁夫一旦頭痛，就刺破腳趾，每次都有效果。於是漁夫得
出了結論，刺破腳趾能治頭痛。

　　漁夫得出這個結論的過程，就是運用了不完全歸納法。漁
夫只是根據幾次經驗得出了這個結論，並沒有將所有的情況都
列舉出來，當然也不可能將所有的情況列舉出來。同時，在漁
夫的經驗中也沒有出現過例外的情況。

趣味題

　　透過上述的概念介紹，你是否已經對歸納法、完全歸納法
以及不完全歸納法理解透徹了？接下來，讓我們借助趣味題來
徹底消化歸納法、完全歸納法以及不完全歸納法。

第 6 章　歸納邏輯

引進外來種是不是對本土生物多樣性有傷害

　　隨著經濟的發展和土地開墾，種植、養殖有關的產業幾乎都有引進外來種的專案。不過，外來種植物很快蔓延瘋長，侵入草場、林區和荒地，形成單種優勢群落，導致原有植物群落的衰退；外來種動物則迅速擴散到野外，甚至使本土原生種滅絕。

　　因此，以下哪項可以最合乎邏輯地完成以上論述？

　　A. 引進外來種可能會對本土生物多樣性造成巨大危害。

　　B. 應該設法控制外來種植物的蔓延。

　　C. 引進外來種是為了提高經濟效益。

　　D. 全國都有外來種。

【答案與解析】A

　　能夠得出這道趣味題的正確答案是選項 A，是因為運用了不完全歸納法。首先，題幹告訴了我們兩個事實，一是引進外來種植物，造成了原有植物群落衰退；二是外來種動物使一些本土動物幾乎滅絕。對這兩個事實進行歸納可以推出 A 選項的內容。B 選項中只提到了外來種植物，沒有提到外來種動物，具有片面性。C、D 兩項是無中生有，所以不選。

不同國家對大象的不同認識

　　紀錄片不只是表現人東非人對保護野生動物的虔誠，而且展示了在一個缺少食品的國度，大象在東非是一種聰明的有害

動物，但目前好像還沒有辦法保護非洲東部的農田免受晚上出來尋找食物的象群的破壞。

以下哪項最合邏輯地完成上文的論述？

A. 保護野生動物可能會危害人類的安康。

B. 現在應將大象從瀕臨絕種的動物名單中剔除。

C. 紀錄片除了重複那些被接受的虔誠外不應再記錄別的事。

D. 農民和農業官員在採取任何控制象群的措施前應當與野生動物保護者密切合作。

【答案與解析】A

由題幹中提出的事實，東非人民保護大象，但當地的農田遭到破壞，可以歸納法出保護野生動物可能會危害人類安康。

東非諸國本來就缺少糧食，農田還被大象破壞，這無疑是雪上加霜。這道趣味題在展示一種邏輯推理的同時，還告訴了大家一個事實，保護野生動物有時候會與人類安康形成矛盾。

關於動物死亡的結論

一些哺乳動物的牙齒上有明顯的「年輪」—— 來自在夏天形成的不透明牙骨質沉澱，和在冬天形成的半透明牙骨質沉澱的積累。在對一個石器時代的遺址發掘中發現的豬牙齒的斷面表明，除最外一層以外，其他各層的「年輪」都有令人驚訝的相似的寬度，最外這一層大概只有其他各層一半左右的寬度，而

且是半透明的。

上文的論述最有力地支持了以下哪一項關於這些豬死亡的結論？

A. 死在一個反常的初冬。

B. 大約死於相同的年齡。

C. 大約死在一個冬季的中期。

D. 死於一次自然災害中。

【答案與解析】C

這道題的題干涉及的內容是科學知識，因此對這類資訊進行歸納法的方法又叫科學歸納法。由題幹中的第一句話可以得出，哺乳動物牙齒上的「年輪」在不同季節有不同的特徵。又由題幹中的最後一句話可以知道這些豬肯定死於冬季，因為「年輪」的最外一層是半透明的，但是最外一層的寬度只有其他各層的一半左右，說明這些豬沒有過完整個冬天，所以答案為 C 項。

A 項中同樣提到了死在冬季的結論，但是說的是死在初冬。題幹中說「年輪」的寬度是其他「年輪」痕跡的一半，說明這些豬不可能死在初冬，所以排除 A。除此之外，B、C 項均不能由題幹推出。

你的上級很可憐，別動不動就離職

對於很多職場菜鳥來說，最擔心的事情莫過於被老闆炒魷魚。殊不知的是，老闆也會面臨被炒魷魚的情況，而且目前企業老闆已經趨於高齡化，無論炒別人還是被炒，對他們來說都是很不愉快的事情。

　　據對一批企業的調查顯示，這些企業老闆的平均年齡是 57 歲，而在 20 年前，同樣的這些企業老闆的平均年齡大約是 49 歲。這說明，目前企業老闆呈老年化趨勢。

　　以下哪項，對題幹的論證提出的質疑最為有力？

　　A. 題幹中沒有說明，20 年前這些企業關於老闆人選是否有年齡限制。

　　B. 題幹中沒有說明，這些老闆任職的平均年數。

　　C. 題幹中的資訊，僅僅基於有 20 年以上歷史的企業。

　　D. 20 年前這些企業老闆的平均年齡僅是個近似數字。

【答案與解析】C

　　由這道題的提問方式可以得知，這道題與前面直接考查歸納法的題有所不同。這道題的題幹中已經提出了推理結論，要求大家去做的是找出一個條件來反駁這個推理結論。也就是說，需要找出一個條件證明前提與結論之間沒有必然聯繫，而 C 項剛好符合這種要求。因為加上 C 項後，前提變成了有 20 年以上歷史的企業，結論卻是在說目前企業的情況，前後沒有必然性。

一項關於歌仔戲的資料調查

　　歌仔戲作為臺灣文化遺產，卻面臨尷尬的局面。現在很多孩子聽不懂臺語，不喜歡、也不願意看歌仔戲。歌仔戲作為中國傳統文化的一種表現形式，有著極高的文學造詣和文化內涵。可以說，歌仔戲是非物質文化遺產，理應得到弘揚和傳播，而造成這種尷尬局面的原因在於孩子缺乏對傳統文化的正

確認識。

　　目前的普遍缺乏對臺灣傳統文化的學習和積累，根據政府最近做的一次調查表明，大學生中喜歡和比較喜歡歌仔戲的只占到被調查人數的 14%。

　　下列陳述中的哪一個最能削弱上述觀點？

A. 孩子缺少對歌仔戲欣賞方面的指導，不懂得怎樣去欣賞。
B. 喜歡歌仔戲與學習傳統文化不一樣，不要以偏概全。
C. 14% 的比例正說明培養大學生對傳統文化的學習大有潛力可挖。
D. 有一些大學生既喜歡歌仔戲，又對傳統文化的其他方面有興趣。

【答案與解析】 B

　　題幹的結論講的是大學中喜歡歌仔戲的人數占被調查人數的比例，而前提中提到的是現代孩子缺乏對臺灣傳統文化的學習和積累。要讓這兩者之間沒有必然關係，那麼只需要否定傳統文化與歌仔戲之間的等價關係即可。B 項正好否定了傳統文化與歌仔戲的等價關係，符合要求，因此選 B。

你是不是也有網路躁鬱症

　　英國研究各類精神緊張症的專家們發現，越來越多的人在使用網路之後都會出現不同程度的不適反應。根據一項對 1 萬名經常上網的人的抽樣調查，承認上網後感到煩躁和惱火的人

數達到了 1/3；而 20 歲以下的人則有 44% 承認上網後感到緊張和煩躁。這些專家認為確實存在某種「網路躁鬱症」。

根據上述資料，以下哪項最不可能成為導致「網路躁鬱症」的病因？

A. 由於上網者的人數劇增，網路擁擠，因此要訪問比較繁忙的網址，有時需要等待很長時間。

B. 上網者經常是在不知道網址的情況下搜尋所需的資料，成功的機率很小，有時花費了工夫也得不到預想的結果。

C. 雖然在有些國家使用網路是免費的，但臺灣有網路費，這對上網者的上網時間有制約作用。

D. 在網路上能夠接觸到各種各樣的資訊，但很多時候資訊過量會使人們無所適從，失去自信，個人注意力喪失。

【答案與解析】C

看到「導致」這類字眼，大家應該想到這是需要大家來診斷網路躁鬱症出現的原因。但是在這道題中要求找出的是相反的情況，即找出與結論之間沒有因果關係的選項。A 項提到的是因為等待導致狂躁，這兩者之間顯然有直接因果關係，所以不選。B 項中講到的是因為盲目地搜索而得不到滿意結果導致狂躁，存在因果關係，不選。D 項中說到的是由於過量的資訊導致狂躁，兩者之間有因果關係，不選。那麼答案為 C 項。

第 6 章　歸納邏輯

女人愛苗條，男人愛瀟灑

在日漸發達的社會裡，肥胖已成為一種惱人的「社會病」。女人愛苗條，男人愛瀟灑。可臃腫的身材，特別是大腹便便的肚子，讓人不勝痛苦。日前，某社會機構公布了一項長期社會調查的結果，結果顯示：在婚後的 13 年裡，女人們平均增加了 13 公斤，男人們平均增加了 20 公斤。這一機構得出結論：婚姻能使人變胖。

以下哪項如果為真，最可能對上述結論提出質疑？

A. 如果調查時間取 3 年或者 31 年，被調查者的體重成長會遠遠小於以上成長幅度。

B. 在婚後的 13 年裡，被調查的男人中，有一些體重增加不到 20 公斤。

C. 在與被調查者年紀相仿的獨身者中，女人們 13 年裡平均增加了 16 公斤，男人們平均增加了 25 公斤。

D. 在婚後的 13 年裡，被調查的男人中有一些體重明顯下降了。

【答案與解析】　C

這依然是一道「找茬題」，找出一個「茬」來否定題幹的前提與結論的必然關係。題幹中的結論是「婚姻能使人變胖」。因為題幹的前提是對已婚者的調查，所以要使這個結論不成立，添加一個對未婚者的調查也得到同樣結果的前提即可。選項 C 的內容十分吻合，因此這個「茬」就是 C 項。

女性正義問題

即使今天的女性能夠獲得比從前更高的社會地位，但對女性不正義的問題依然存在。 在電影界也同樣存在對女性的不正義，《好萊塢報導》（The Hollywood Reporter）評論說：「在過去的 10 年中，女性從事電影幕後工作的人數雖有成長，但奧斯卡金像獎的評選中，最佳製片、導演、編劇、剪輯、攝影等幾項重要獎項的男女獲獎比例僅為 8：1。」

以下哪項如果為真，能對上述論斷提出最有力的質疑？

A. 奧斯卡金像獎的評選完全是一個匿名投票的過程，很難說有什麼偏向。

B. 是否獲得奧斯卡金像獎並不是衡量電影成就的唯一標準。

C. 女性從事製片、導演、編劇、剪輯、攝影這幾項幕後工作的人數不到男性的 1/10。

D. 在電影表演、新聞媒介和服裝設計等諸多領域中，女性儘管從業人數眾多，但真正出色的還是男性。

【答案與解析】 C

這道「找荏題」涉及的是比例問題。因為題幹中提到了男性與女性的比例，所以要否定題幹中的結論，需要為其添加一個涉及比例的前提。就這個條件來看，只有 C 項符合。將 C 項內容作為前提代入題幹中，也的確能夠對論斷提出質疑。所以選擇 C 項。

第 6 章　歸納邏輯

故事

　　什麼？趣味題還沒有看夠？那麼趣味題不夠，故事來補！接下來，讓我們一起走進故事篇，透過一個個小故事將歸納法、完全歸納法、不完全歸納法這三座高峰徹底拿下。

為老鼠打針

　　生病了就應該回去吃藥，要是吃藥也無法痊癒，那就該打針了。不僅人類如此，動物也是如此；但如果打錯了針，後果就會很嚴重。

　　一種海洋蝸牛產生的毒素含有多種蛋白，為老鼠注射其中一種後，會使只有兩星期大或更小的老鼠陷入睡眠，而使大一點的老鼠躲藏起來。而當老鼠突然受到嚴重威脅時，非常小的老鼠反應是呆住，而較大的老鼠會逃跑。由此可以推出，老鼠對突然的嚴重威脅的反應，受其體內化學物質的刺激，這種物質與注射到老鼠體內的蛋白相似。

　　能夠得出這樣一個結論，是因為運用了歸納法。具體細分，這又屬於求同法的因果論證。在這個推理過程中存在不同情況，但是不同情況之下又有相同的結果，而故事中的結論正是由這相同的結果得出。

憂鬱是有原因的

　　治癒憂鬱症的方法有很多，光照就是其中一個。

　　光照有助於緩解冬季憂鬱症，研究人員曾對 9 名患者進行研究，他們均因冬季白天變短而患上了冬季憂鬱症。研究人員讓患者在清早和傍晚各受 3 小時伴有花香的強光照射。一週之內，7 名患者完全治癒了憂鬱症，另外 2 人也有了顯著的好轉，因為光照會誘使身體誤以為夏季已經來臨。

　　研究人員的確已經證實了光照與憂鬱症的關係，但是一名憂鬱症患者並不贊同。他認為每天 6 小時的非工作狀態改變了患者原來的生活環境，改善了他們的心態，這是對憂鬱症患者的一個主要影響。

　　從這個故事中可以發現，研究人員得出光照能治癒憂鬱症這個結論時，忽略了其他因素的存在。真實情況是憂鬱症患者在接受光照治療的同時，生活狀態也有所改變。所以，光照與憂鬱症之間並不構成必然關係。

蛋黃的顏色和雞的綠色植物性飼料，有沒有關係？

　　有人吃蛋的時候獨愛蛋清，理由也是五花八門。有人說蛋黃膽固醇含量太高，有人說蛋黃的顏色讓人無法接受，還有人表示蛋黃難以下嚥等等。其實蛋黃好處多多，最顯著的一個好處就是能夠美容養顏。

　　原來，蛋黃的顏色跟雞所吃的綠色植物性飼料有關。不同的綠色植物性飼料被不同的雞吃了並吸收後，就表現在蛋黃口感的不同上。研究者為了驗證這個結論進行了一個實驗。實驗具體內容是，選擇品種和等級完全相同的蛋雞，一半餵食綠色

第 6 章　歸納邏輯

植物性飼料，一半餵食綠色非植物性飼料。

　　為什麼研究者要將實驗條件設計成這樣，它是否有什麼科學根據呢？答案是肯定的。這樣設計實驗條件不僅有科學根據還有邏輯學根據，而且這樣的實驗得出來的結論是真實的。因為故事中的結論存在對比性，所以在實驗中也應該設計對比條件。當然這個需要對比條件應與實驗結論構成必然關係，而除此之外的條件應該保持一致，否則不能突出對比。這個實驗條件設計得相當科學，體現了研究者嚴謹的邏輯思維。

一堂邏輯式體育課

　　體育老師對 20 個學生進行了箭靶射擊測試，大家的成績都不是很好。隨後這些學生上了兩天的射箭技能培訓課，然後又重新測試，他們的準確率提高了 30%。因此體育老師對大家說：「該結果表明，培訓課對於提高人們的射靶準確率是十分有效的。」其中一名學生小明接著說：「那麼還需要加上一個條件，即另一組學生也進行了箭靶射擊測試，但沒有進行培訓，他們的準確率沒有提高。」

　　從小明的話中，能夠看出小明的思維非常嚴謹，具有邏輯性。體育老師僅僅由那 20 個學生因為培訓提高了成績，就推出培訓是十分有效的，這種推理的邏輯不夠嚴謹。但是加上小明所說的條件進行對比後，這個推理的邏輯就非常嚴謹了，結論也就具有了說服力。

電視節目方有話說

　　網路直播具有無可比擬的娛樂性，給廣大使用者的生活帶來了歡樂，因此受到追捧。但與此同時，網路直播中也出現了一些令人擔心的內容。比如一些低俗的內容妨害了社會善良風俗，不利於人們的身心健康。其實不僅僅是網路直播，暴力電視節目也影響著兒童的行為。

　　有研究者專門對此進行實驗。具體實驗過程是，讓兩組兒童在一起玩耍，一組曾看過具有暴力行為的電視節目，另一組則沒看過。在玩耍中，看過具有暴力行為的電視節目的兒童，比那些沒看過的兒童表現出更多的暴力行為。因此，研究者說：「若想阻止那些兒童在玩耍中表現出來的暴力行為，就不能允許他們觀看具有暴力行為的電視節目。」電視節目方對此提出了質疑，他們說：「導致兩組兒童行為差異的，沒有其他不同的原因嗎？」

　　研究者在設計實驗的過程中，沒有考慮到其他因素對兒童行為的影響，設計的實驗邏輯不夠嚴謹，因此給了電視節目方可乘之機。所以，要想運用好歸納法，就要有嚴謹的邏輯思維作為支撐，這樣才不會給別人留下反駁和質疑的機會。如果研究者在實驗中加入了對比條件，使得這個實驗要素齊全，那麼結論也就具有了真實性，不會招致他人質疑。

第 6 章　歸納邏輯

慎選醫院

　　許多研究都表明，並不是所有的醫院都很成功。在某些醫院，病人的死亡率總是高於其他的醫院。因為在所有被調查的醫院中，每個病人所能得到的醫療資源基本上都是相同的，所以服務品質上的差別，可能是造成這種高死亡率的原因。

　　其實這種推理方法並不嚴謹，不符合歸納法的要求。因為不同的醫院，病人病情的嚴重程度會有很大差別，不能以偏概全。

不要輕易撒謊

　　人事經理告訴大家他剛學習了一種新的測謊方法，只要誰在他面前說謊，他立刻就能識破，並且這個方法經過了研究並得以證實。那麼這個測謊方法是什麼呢？

　　研究人員把受試者分成兩組，A 組做十分鐘自己的事情，但不從事會導致說謊行為的事；B 組被要求偷拿考卷，並且在測試時說謊。之後，研究人員讓受試者戴上特製電極，以記錄被詢問時的眨眼頻率。結果發現，A 組的眨眼頻率會微微上升，而 B 組的眨眼頻率先是下降，然後大幅上升至一般頻率的 8 倍。由此可見，透過觀察一個人的眨眼頻率可判斷他是否在說謊。

　　這組研究實驗屬於對比實驗，是對歸納法的運用。透過 A、B 兩組的對比，能夠得出真實的結論。所以老老實實做人吧，不要輕易撒謊。

海底電纜

海底電纜的外皮是由玻璃，而不是特殊的鋼材或鋁合金製成。原因是金屬具有顆粒狀的微觀結構，在深海壓力之下，粒子交結處的金屬外皮易斷裂。玻璃外皮就不會有這種情況，因為玻璃看起來是固體，但它在壓力之下可以流動，可將之視為液體。也就是說，液體沒有顆粒狀的微觀結構。

在前面的故事中，我們提到了求同推理法，那麼相應地就會有求異法。這個故事中的推理運用的就是求異法。在故事中提到了金屬外皮易於斷裂而玻璃外皮不會。因為金屬具有顆粒狀的微觀結構，所以可以推出玻璃沒有顆粒狀的微觀結構。有時候，我們要推斷某一事物是否具有某一性質而又無從下手時，可以從它的反面入手，化解難題，這正是對求異法的運用。

味精實驗

在炒菜的過程中加入味精，可以增加菜的鮮味，讓菜餚更可口；然而，常吃味精會使人的認知能力變差。看看研究者到底是怎麼說的吧！

在一項實驗中，實驗對象的一半作為實驗組，食用了大量的味精，而作為對照組的另一半沒有吃這種味精，且兩組是在實驗前按其認知能力均等劃分的結果。最終，實驗組的認知能力比對照組差很多。於是，研究者得出結論，這一不利的結果是由於這種味精的一種主要成分 —— 穀胺酸造成的。

第 6 章　歸納邏輯

　　故事中的推理過程是一種求異法。前提中的實驗對象的認知能力是均等的，兩組的人數也是一樣多的。唯一的不同條件就是一組食用大量味精，而另一組不吃。這樣一來，就能嚴謹地證明認知能力的下降與食用味精有關。

捐血對身體有損害嗎

　　在日本沿海有一個小村莊，由於核電廠爆炸導致核外洩，村莊的居民很多因此生病，甚至死亡；然而在這個村莊裡卻有一些人絲毫沒有受到這次事件的影響。記者後來採訪這些人才揭開了謎團，原來這些人經常無償捐血。看來可以再生的血液不僅能夠救人還能救己。

　　世界衛生組織在全球進行了一項有關捐血對健康的影響的追蹤調查。調查對象分為三組，第一組對象均有兩次以上的捐血紀錄，其中最多的達數十次；第二組對象均只有一次捐血紀錄；第三組對象均從未獻過血。調查結果顯示，調查對象中的癌症和心臟病的發病率，第一組分別為 0.3% 和 0.5%，第二組分別為 0.7% 和 0.9%，第三組分別為 1.2% 和 2.7%。一些專家因此得出結論，捐血有利於降低罹癌和心臟病的風險。這兩種病已經不僅在已開發國家，而且也在發展中國家成為威脅中老年人生命的主要殺手。因此捐血利己利人，一舉兩得。

　　從這個故事看來，捐血不會損害身體健康。但是值得大家注意的是，專家由世界衛生組織得出的結論不具有嚴謹性，不符合邏輯要求，因為世界衛生組織並沒有將調查對象的情況

詳細說明。如果這三組調查對象的人數並不一致，或者這三組的調查對象的年齡相差很大，那麼這組調查結果就不具有說服力，專家得出的結論也會遭到質疑。

外科醫生的手術量為什麼下降了

在一家簡陋的餐廳內，有幾個人在用餐。一個人說：「看看，現在這生活品質真是不如以前。想想以前，怎麼會到這種簡陋的地方吃飯？」另一個人說：「你們就不要抱怨了，至少你們還經歷過這個行業的輝煌期，還享受了這個行業帶給你們的光環。我呢？剛進入這個行業，就經歷這個行業的低谷期。別說了，讓我先去哭一下！」他們中的第三個人接著說：「我們的手術量下降，說明人們的身體越來越健康，應該高興才是。這才是醫生該有的醫德。」

由於外科醫生的數量比手術量增加得快，同時，由於越來越多的不開刀的藥物治療在代替外科手術，因此，近年來每個外科醫生的年平均手術量下降了四分之一。如果這種趨勢持續下去，外科醫生的醫術水準會發生大幅度下降。除非一個外科醫生以一定的最小頻率做手術，否則他的醫術水準不可能持久地保持下去。

這個小故事向我們展示了一種因果歸納法法。因為外科醫生的醫術水準與實戰操作有關，所以當實戰量減少時，外科醫生的醫術水準會不可避免地下降。這個推理過程有理有據，具有嚴謹性和說服力。

第 6 章　歸納邏輯

1957 年的雷達系統

　　電腦的問世幫助人類解決了很多問題。尤其是在一些高危險、高難度、高科技領域，沒有電腦很多工作無法開展。基於這種情況，有人認為電腦能提高工作效率，應該將電腦應用到各個領域中。雷達系統對此並不「買帳」。原因如何呢？

　　都說薑還是老的辣，其實雷達系統還是舊的好。不要以為這是空穴來風，這是經過測實驗證的結果。一項有關國家氣象服務局的風暴檢測雷達系統的測試表明，1957 年的雷達系統比新雷達系統可靠十倍，因此，用於新雷達系統的技術，一定沒有用於 1957 年的雷達系統的技術複雜精密，並且檢測風暴的雷達系統所使用的技術的複雜精密程度，可以由該系統的可靠性來決定。

　　這個故事中的推理涉及了共變法，即當一個條件發生改變的時候，結論也會隨之改變。由於「檢測風暴的雷達系統所使用的技術的複雜精密程度可以由該系統的可靠性來決定」，又由於「1957 年的雷達系統比新雷達系統可靠十倍」，因此由這兩個條件能夠共同推出「用於新雷達系統的技術一定沒有用於 1957 年的雷達系統中的技術複雜精密」。這種推理符合邏輯要求，是正確的推理過程。

第 7 章

邏輯基本規律

第 7 章　邏輯基本規律

邏輯學作為一門獨立的學科，必定會有其獨特的基本規律。對於今天的學習者來說，掌握前人研究的規律是我們學習邏輯學的一條捷徑。究竟這些規律具體包括哪些內容呢？

一分鐘讀懂邏輯基本規律

任何事物都有其規律可循，邏輯也不例外。邏輯基本規律是邏輯學的重要組成部分。學習邏輯基本規律可以說明大家以更快的速度釐清邏輯思路，進行理性交流。邏輯基本規律包括：同一律、矛盾律和排中律。

同一律

何為同一律（identity law）？同一律即在同一個思維過程中，任何一個思維環節和思維對象都具有確定性，且前後思維一致。

例如：蘋果就是蘋果。這個例子說明蘋果這個概念是確定的，蘋果不會是梨。

再如：王永慶就是王永慶。也就是說，王永慶是一個確定的對象，王永慶不會是吳宗憲。

要想運用好同一律，還得明白同一律的邏輯要求。這個要求總結起來可以用四個字概括，即「確定、同一」。也就是在概念中提到的思維環節和思維對象是確定的，前後思維要同一。要想達到這個要求，那麼同一律中的同一概念必須保持內延和

外延一致，而不同的概念內延和外延必須不同。

透過前面章節內容的學習，大家知道了邏輯推理和論證其實就是一個根據某種邏輯規律，將邏輯概念透過邏輯判斷，推導出或者證明一個未知結果的過程。所以，在邏輯推理和論證的過程中，同一律是必須遵守的要求之一。這也是同一概念必須保持內延和外延一致的原因。如果同一概念的內延和外延不保持一致，那麼就犯了違反同一律的邏輯謬誤。所以，違反同一律主要是由轉移或偷換論題造成的。

例如：金庸的著作不是一天能讀完的，《神鵰俠侶》是金庸的著作，因此《神鵰俠侶》不是一天能讀完的。在這個例子中明顯犯了違反同一律的邏輯謬誤，例子中兩次提到「著作」一詞，而它在出現的兩次中有不同的含義。前一次是指金庸所有作品的總稱，後一次則是指《神鵰俠侶》這一本書。這個概念前後不一致，不符合同一律的要求。

矛盾律

什麼是矛盾律（law of contradiction）？所謂矛盾律，顧名思義，就是說在同一思維過程中，思維對象是兩個互相矛盾或互為相反的內容或者事物，這兩個內容或者事物的真實性必定是相反的，即一真一假。

例如：在羽毛球比賽中，不是廷宇奪冠，就是冠哲勝利。也就是說，這兩人中只有一人最終勝利，或者廷宇拿金牌，或者冠哲拿金牌，兩個人不可能同時拿到金牌。

矛盾律同樣有其使用要求。這個要求是，在同一思維過程中，前後思維要具有貫通性，不能前後矛盾。也就是說，不能在前面對一事物作出肯定判斷，在後面又將其否定；也不能在前面對一事物作出否定判斷，在後面又將其肯定。如果出現了類似這樣的情況，那麼就稱其犯了違反矛盾律的邏輯謬誤。著名的寓言故事「自相矛盾」，就是一個違反了矛盾律的笑話。

排中律

什麼是排中律（law of excluded middle）？在同一邏輯思維過程中，往往會存在兩個互相矛盾的思想，但不會出現這兩者同時為假的情況，這就是排中律的作用。

例如：銘祥明年或者退役，或者繼續參賽。也就是說，「退役」與「參賽」是一對矛盾的事物，並且「退役」與「參賽」必有一個不會發生，即不能同時都不發生。

作為邏輯基本規律之一的排中律，當然也有其使用要求。它的要求是，肯定或否定必須要出現，但一定不能同時出現，且前後需要保持一致。

例如：小雅說的話既對也不對。人們在日常交流中經常會說這種類型的句子。這種話語具有模糊性，不能讓人明確領悟到說話人所要表達的意思。這就是違反了排中律的表現。

由以上內容可以得知，學習並運用排中律可以保證思維的明確性。如果思維不具有明確性，那麼推理論證的結果必定不能保證其正確性，並且排中律是邏輯論證中的反證法的邏

輯根據。

值得一提的是，排中律屬於邏輯基本規律，因此與客觀事物具有區別性，不能簡單地將兩者混淆來看。也就是說，在邏輯學中滿足排中律的事物，從客觀情況來看不一定會滿足，但這並不影響排中律在邏輯學中的地位。

趣味題

為了更準確掌握邏輯基本規律，為了不在邏輯推理論證的過程中出現種種錯誤，為了更加高效率地交流溝通，接下來將以趣味題的形式說明大家鞏固邏輯基本規律。

小馬是個大學生

小學的時候羨慕高中生，老師說：「現在努力念書，等你們考上好高中就好了。」高中的時候覺得念書很辛苦，老師又經常說：「眼前的苦都不是苦，等你們考上好的大學就輕鬆了。」等真正上了大學，才會發現，老師天天教大家做人要誠實，其實老師才是世界上最大的「騙子」。高中生活並不比小學生活幸福，大學生活也沒有高中生活輕鬆，甚至大學課程比高中的還多，關鍵是還比高中課程難很多。關於這一點，小馬就深有體會。

某所大學的學生修很多課程，小馬是這所大學的一名學生，所以他修了很多的課程。

以下哪項論證展示的推理錯誤與上述論證中的最相似？

A. 這所學校裡的很多學生修數學這門課，小馬是這所學校的一名學生，所以他也修數學這門課。

B. 這本法律期刊的編輯們寫了許多法律方面的文章，老李是其中的一名編輯，所以他也寫過許多法律方面的文章。

C. 這所大學的大多數學生成績很好，小貞是這所大學的一名學生，所以她的成績很好。

D. 所有的舊汽車需要經常換零件，這部汽車是新的，所以不需要經常換零件。

【答案與解析】 B

題幹中兩次提到「學生」這一詞，然而這個詞語在出現的兩次中分別具有不同的意思。第一次出現時是指這所大學的全體學生，表示一個集合，而第二次出現時，這個詞又變成特指小馬這個學生了。所以，這個邏輯推理違反了同一律的要求，犯了偷換概念的邏輯謬誤。要找出與這個推理相似的選項，只需要找出哪個選項犯了偷換概念的邏輯謬誤即可。依據這種思維，很顯然答案為 B 項。

在選項 B 中，「編輯」一詞出現了兩次，前一次指法律期刊的所有編輯，後一次獨指老李。前後概念不一致，違反了同一律的要求，犯了偷換概念的邏輯謬誤。

好與不好

一天甲、乙兩人相約去吃飯。點菜的時候，兩人互相禮

讓，爭執了半天，最終決定一人點一盤菜。於是，甲點了一盤蘿蔔，乙點了一盤青菜。菜上桌後，甲招呼乙說：「吃蘿蔔。」乙說：「我只吃蔬菜，不吃蘿蔔。」

很多時候，對於同一事物，有的人說「好」，有的人說「不好」，這兩種人之間沒有共同語言。可見，不存在全民族的共同語言。

以下除哪項外，都與題幹推理所犯的邏輯謬誤近似？

A. 甲：「工廠規定，工作時禁止吸菸。」乙：「當然，可我吸菸時從不工作。」

B. 有的寫作教材上說，寫作中應當講究語言形式的美，我的看法不同，我認為語言應該樸實，不應該追求那些形式主義的東西。

C. 故意殺人者應處死刑，行刑者是故意殺人者，所以行刑者應處死刑。

D. 這種觀點既不屬於唯物主義，又不屬於唯心主義，我看兩者都有點像。

【答案與解析】　D

題幹中的甲與乙固然可笑，但大家笑過之後應該想想他們為什麼會讓人覺得可笑？我們自己在實際生活中是否也犯過類似讓人覺得可笑的邏輯謬誤呢？對，題幹中讓人發笑的根源在於違反了同一律的要求，犯了偷換概念的邏輯謬誤。雖然不知道乙出於什麼目的，但他主觀地將蘿蔔歸為蔬菜之外就是犯了邏輯謬誤。在「對於同一事物」這

一案例中，「共同語言」前後出現兩次，兩次的概念並不一致，犯了偷換概念的邏輯謬誤。

看完了題幹再來看選項，選項 A 中「工作」一詞出現了兩次，前一次指整個工作期間，後一次指具體某一個工作動作，兩次出現的內涵不一致，屬於偷換概念之列；選項 B 中「語言」一詞同樣出現兩次，但前後內涵不一致，也犯了偷換概念的邏輯謬誤；C 項雖沒有明顯的邏輯謬誤，但存在實質性的錯誤，即「故意殺人者應處死刑」說法錯誤，所以不選。那麼答案自然為 D 項。

凡穿拖鞋進入泳池者，罰款 5 ～ 10 元

某對外營業游泳池更衣室的入口處貼著一張啟事，稱「凡穿拖鞋進入泳池者，罰款 5 ～ 10 元」。某顧客問：「根據相關法規，罰款規定的制定和實施，必須由專門機構進行，你們怎麼可以隨便罰款呢？」工作人員回答：「罰款本身不是目的，目的是透過罰款來教育那些缺乏公德意識的人，保證泳池的衛生。」

上述對話中工作人員所犯的邏輯謬誤，與以下哪項中出現的最為相似？

A. 管理員：「每個進入泳池的客人必須戴上泳帽，沒有泳帽的到售票處購買。」某顧客：「泳池中那兩個女泳客怎麼沒戴泳帽？」管理員：「那是我們的工作人員。」

B. 市民：「各位專家，你們制定的公約共 15 條 60 款，內容太多，不易記憶，可否精簡，以便直接有警示的作用。」專家：

「這次公約是在市政府的直接領導下，招募專家組在廣泛聽取市民意見的基礎上制定的，是政府、專家、群眾三結合的產物。」

C. 甲:「什麼是戰爭？」乙:「戰爭是兩次和平之間的間歇。」甲:「什麼是和平？」乙:「和平是兩次戰爭之間的間歇。」

D. 甲:「為了早日步入已開發國家之列，應該加速發展私人汽車工業。」乙:「為什麼？」甲:「因為已開發國家私人都有汽車。」

【答案與解析】B

在題幹中，由某顧客的話可以知道，泳池的罰款規定沒有根據可循，不符合要求，因此泳池張貼的這個啟事具有矛盾性。工作人員在面對顧客的質疑時，並沒有正面回答顧客，而是採取了轉移話題的策略。在選項 B 中，專家面對市民的建議同樣採取了轉移話題的手段。所以，這兩者都犯了轉移話題的邏輯謬誤，答案為 B 項。

中國公民起訴日本案

5 名日本侵華時期被抓到日本的原中國勞工起訴日本一家公司，要求賠償損失。 2007 年日本最高法院在終審判決中聲稱，根據《中日聯合聲明》，中國人的個人索賠權已被放棄，因此駁回中國勞工的起訴請求。1972 年簽署的《中日聯合聲明》是這樣寫的:「中華人民共和國政府宣布，為了中日人民的友好，放棄對日本國的戰爭賠償要求。」

以下哪一項與日本最高法院的論證方法相同？

A. 英珠會說英語，英珠是韓國人，所以，韓國人會

說英語。

B. 我校運動會是全校運動會，奧運是全世界的運動會；我校學生都必須參加運動會開幕式，所以，全世界的人都必須參加奧運開幕式。

C. 日本奧會是國際奧會的成員，Y 先生是日本奧會的委員，所以，Y 先生是國際奧會的委員。

D. 政府規定：大學不得從事股票投資，所以張教授不能購買股票。

【答案與解析】D

從《中日聯合聲明》中顯示的內容來看，題幹中日本最高法院的聲稱屬於偷換概念。勞工要求賠償的是個人損失，而日本最高法院將《中日聯合聲明》中的戰爭賠償與此混為一談。在四個選項中，A 項屬於以偏概全邏輯謬誤；B 項犯的是不正當類比邏輯謬誤；C 項屬於區群邏輯謬誤；而 D 項論證中出現了偷換概念的邏輯謬誤，因為「大學」與「張教授」這兩個概念並不完全相等，但是在 D 項的論證過程中，卻將兩者畫上了等號。

故事

好了，趣味題到此結束。什麼？大家還沒有看夠！不要著急，接下來將為大家獻上熱騰騰的精彩小故事，讓大家在品味故事的過程中更深入地理解邏輯基本規律。

《韓非子》奇聞

戰國時期，很多人在街上賣起了兵器——矛和盾。有一個賣矛和盾的人在大街上吆喝著：「我的盾是最堅固的，能夠刺穿它的東西還沒有造出來，大家趕緊來買吧！」過了一會兒，他又繼續吆喝：「走過路過千萬不要錯過，我這有最銳利的矛出售，數量有限，大家趕緊來搶購吧！」

這吆喝果然起了作用，一大批路人前來圍觀。正當這個人興奮不已的時候，一個路人說：「既然你的盾如此之堅固，你的矛如此之鋒利，那麼用你的矛刺你的盾看看效果如何？」這主意一出，路人紛紛起哄，而這個人默默收拾東西離開了。

故事講到這裡，想必大家都已明白這個人犯的是自相矛盾的邏輯謬誤。可能有人會說：「這個人是古人，我們現代人才不會犯這種邏輯謬誤呢！」事實說明並不是這樣的，你如果不相信，請繼續往下看。

在一個發電廠外高掛一塊告示牌：「嚴禁觸摸電線！500 伏特高壓電一觸即死，違者法辦！」另外，一位年輕人在寫給女朋友的信中說：「愛你愛得如此之深，以至願為你赴湯蹈火。星期六若不下雨，我一定來。」還有類似「他的意見基本正確，一點錯誤也沒有」，這種言論在日常生活中經常聽到。

在第一個言論中，觸摸者必死無疑，無法「法辦」，所以前後矛盾；第二個言論中，年輕人固然愛得深沉，但是連赴湯蹈火都願意卻不願意冒雨前來，我看這種愛未必可靠；而第三個

第 7 章　邏輯基本規律

言論「基本正確」並不等於完全正確，「一點錯誤也沒有」恰恰是絕對肯定，犯了前後矛盾的邏輯謬誤。看看，自相矛盾的錯誤並不少見，有些甚至還會鬧出笑話來。所以用心學習邏輯基本規律能夠避免錯誤和笑話的產生。

刑事案件斷言

陽光社區發生了一起離奇命案，死者竟然死在了自家屋內。門窗皆完好無損，沒有被破壞的痕跡，並且死者生前樂觀善良，酷愛運動，身體狀況非常好。所以既不像他殺，又不像自殺。早上有人發現了這起命案後立刻報了警。員警經過對現場情況進行勘察後，將犯罪嫌疑人鎖定在了鄰村的三個人中。經過對這三個犯罪嫌疑人的審問，有了關於這一刑事案件的以下四個斷言。

（1）有證據表明胖虎沒有作案。

（2）犯人或者是小夫，或者是胖虎，或者是杉山。

（3）也有證據表明小夫沒有作案。

（4）電視畫面顯示：在案發時，杉山在遠離案發現場的一個足球賽的觀眾席上。

那麼，從這四個斷言中能夠推出什麼結論來呢？

大家想知道到底誰是真正的犯人嗎？想要知道答案就趕緊開啟福爾摩斯模式吧！從斷言（2）中可以得知，這三個人中必有一個是犯人。因為斷言（1）中否定了胖虎是犯人，所以犯人可能是小夫，也可能是杉山。接著斷言（3）否定了小夫是

犯人。按理說犯人就是杉山了，但斷言（4）繼續否定了杉山是犯人。經過福爾摩斯模式的斷定，這四個斷言中至少有一個是假的。

跑車就要少開

剛剛買了一輛跑車的小王卻坐公車來上班，這讓同事們感到很詫異。於是有同事問他：「新買的座駕怎麼不開呢？」小王回答

說：「剛買的車還沒掛牌呢！」過了一段時間，同事們發現小王依然擠公車上下班。同事們按捺不住好奇心，又問小王怎麼不開車。小王不好意思地回答說：「為了省油錢，彌補購車差價。」

原來小王聽說了這樣一種言論，高效引擎的天蠍座節油型汽車的價格高於普通的天蠍座汽車，以目前的油價計算，購買這種節油型車的人需要開 6 萬公里才能補足與普通型汽車的差價。因此，如果油價下跌，在達到不盈不虧之前可以少走一些路。小王的車就屬於前者，怪不得他每天擠公車了。

親愛的讀者，先別忙著笑小王，相信在大家的身邊，類似小王這樣的人並不少見。例如有一個土豪老闆說：「用 R 牌瀝青比用價錢較低品牌的瀝青，能使工人用更短的時間修完 1 公里損壞的公路。儘管 R 牌瀝青的價格較高，但減少施工人員所省下的錢是可以補足差額的。所以在平均薪資低的地方，選擇 R 牌瀝青更有優勢。」

第 7 章　邏輯基本規律

　　R牌瀝青本來價格較高，能使施工時間縮短，但平均薪水低不足以彌補差額，所以在平均薪資高的地方使用 R 牌瀝青更具有優勢。這位土豪老闆不愧為土豪，居然要在平均薪資低的地方使用。這樣一來，土豪老闆的邏輯混亂、自相矛盾暴露無遺。

這是誰做的好事

　　某班有一位同學做了好事沒留下姓名，他是甲、乙、丙、丁四人中的一個。當老師問他們時，他們分別這樣說。

　　甲：「這件好事不是我做的。」

　　乙：「這件好事是丁做的。」

　　丙：「這件好事是乙做的。」

　　丁：「這件好事不是我做的。」

　　經過老師的調查，發現這四人中只有一個人說了真話。那麼到底是誰做了好事呢？

　　做好事不留名的精神固然要嘉獎，但是這讓老師傷透了腦筋。大家一起來幫幫這位老師吧，其實這也是在做好事呢。由於題幹中已經說明，四個人中只有一個人說了真話，又乙和丁說的話互相矛盾，因此說真話的要麼是乙，要麼是丁。也就是說，甲和丙說的是假話，如果甲說的是假話，那麼能夠推出做好事的就是甲。

珠寶店失竊，誰是罪犯

　　近日有一夥境外盜竊團夥悄悄潛入了 M 市，並且進行了多

次團夥作案，這對市民的生活和財產安全構成了很大的隱患。M 市的警方接到市民報案後，立即對這夥人進行了追蹤調查。值得慶幸的是，這夥人在昨夜對 M 市一家珠寶店盜竊時被警方一舉抓獲。在對甲、乙、丙、丁四名犯罪嫌疑人拘審時，四人的口供如下。

甲：「案犯是丙。」

乙：「丁是案犯。」

丙：「如果我作案，那麼丁是主犯。」

丁：「作案的不是我。」

經過員警的多次審查和甄別，知道了四人口供中只有一人是假的。那麼到底誰說了假話？誰又是真正的案犯？

又到了找犯罪嫌疑人的時刻，福爾摩斯趕緊附體吧！從甲、乙、丙、丁四人的口供中可以得知，乙和丁的話存在矛盾。也就是說，乙和丁兩人中一定有一個人在說假話。題幹中說「四人口供中只有一人是假的」，由此可得，甲和丙的話一定是真的，所以丙是案犯，丁是主犯。那麼說假話的就是丁。

誰是學霸

小方、小林和小剛是他們班的學霸三人組。這三個人不僅一起學念書，而且在念書之餘，也是非常要好的朋友。一天，小方、小林做完數學題後發現答案不一樣。小方說：「如果我的不對，那你的就對了。」小林說：「你的不對，我的也不對。」旁邊的小剛看了看他們兩人的答案後說：「小林的答案錯了。」

這時數學老師剛好走過來，聽到了他們的談話，並查看了他們的計算結果後說：「剛才你們三個人中只有一個人說的是真的。」那麼，問題來了，到底誰才是真正的學霸呢？

由於小方和小林的話存在矛盾，因此他倆中只有一人說的話是真的。老師說三個人中只有一個人說的是真的，如果小剛的話是假的，那麼小林的答案是對的。由此也可以得知，小林的話是假的，毫無疑問小方的話是真的。原來小方是老實人，小林是學霸。

胖就要敢承認

甲、乙、丙、丁四個人在一起聊天，甲說乙胖，乙說丙胖，丙和丁都說自己不胖。如果四個人的陳述只有一人假，那麼誰一定胖？

因為乙和丙的話相矛盾，所以，要麼乙說的是真話，丙說的是假話；要麼乙說的假話，丙說的是真話。又只有一人的陳述是假的，那麼甲和丁所說的是真話。由此可以推出，乙是胖子。

誰捐的錢

某一年南部遭遇洪水，多地受災嚴重。一所被洪水侵襲的學校突然收到一大筆沒有署名的捐款，這讓校方非常感動。校方經過多方查找，可以斷定是趙、錢、孫、李中的某一個人捐的。經詢問，趙說：「不是我捐的」；錢說：「是李捐的」；孫說：

「是錢捐的」；李說：「我肯定沒有捐」。最後經過詳細調查證實四個人中只有一個人說的是真話，那麼到底是誰做了好事卻不願意留名。

由四人的話可知，錢和李的話相矛盾，所以這兩人中有一人說了真話，一人說了假話。又只有一人說的是真話，如果錢說的是真話，那麼錢的話與孫的話存在矛盾，而這不符合要求。所以，錢說的是假的，李說的是真的，即捐款來自趙。

除了我，誰還敢當模範生

四位科任老師在一起議論模範生人選：

張老師說：「班長和圖書股長都能當模範生。」

李老師說：「除非生活股長當模範生，否則體育股長不能當模範生。」

陳老師說：「我看班長和圖書股長兩人中至少有一人不能當模範生。」

郭老師說：「我看生活股長不能當模範生，但體育股長可當模範生。」

每位老師都各持己見，到底哪位老師說的話是正確的呢？

從四位老師所說的話來看，張老師的話與陳老師的話存在矛盾，所以這兩人中有一人說的是真話，一人說的是假話。李老師與郭老師所說的話也存在矛盾，所以他們兩人中一人說的真話，一人說的是假話。也就是說，四位老師中有且只有兩位的判斷為真。

第 7 章　邏輯基本規律

第 8 章
邏輯運算

第 8 章　邏輯運算

　　以上章節主要是在介紹邏輯學的一些基本理論與概念，所謂學以致用，從本章開始，將要帶領大家踏上戰場，真刀真槍的演練了，這一章將帶領大家練習邏輯學的邏輯運算（logic operation）。邏輯運算需要數學思維的參與，並結合邏輯推斷展開，這是邏輯學的重點，同時也是難點，故本章內容需要耐心仔細地學。

一分鐘讀懂邏輯運算

　　你以為只有數學中才有運算嗎？不是這樣的。將數學與邏輯學結合，於是就有了邏輯運算。這就如同將巧克力與奶油混合在一起，就有了巧克力奶油冰淇淋一樣。現在我們就一起來看看邏輯運算在邏輯推理中扮演了一個什麼樣的角色。

　　看到「運算」二字，可以肯定的是，這種邏輯推理的結果不是立刻就能得到的，它需要根據前提條件分析，甚至運算才能得出結論來，因此，邏輯運算屬於演繹法的範疇。

　　為什麼可以將數學與邏輯學結合呢？因為這二者本就是一家人。學過數學的人都知道，解題過程中往往需要邏輯思維，且我們會學習一些數學公式、定理、性質、法則等知識。這些知識都是數學家透過研究驗證，並依據一定的邏輯得出的，所以數學與邏輯學是一家人。

　　那麼，在邏輯學中引入數學思維也就不足為奇了。在邏輯運算中，借助數學思維往往能簡化問題，所以邏輯運算同數學

運算一樣，需要數學思維的參與。

趣味題

瞭解了邏輯運算的概念，知道了數學思維與邏輯推斷。那麼接下來就小試牛刀，看看大家是否已經掌握邏輯運算的要領了。

大衛找工作

大衛工作經驗豐富，工作能力強。他曾經力挽狂瀾，用半年時間挽救了一家瀕臨倒閉的公司。對於這家公司來說，大衛是它的救命恩人，理當厚愛重謝，可是這家公司過河拆橋，大衛覺得繼續在這家公司待下去毫無意義，於是辭職了。雖然已經辭了職，但生活還得繼續，大衛重新開始找工作了。

大衛憑藉自己資深 CEO 的經驗，打定主意去一家待遇最好的公司。惠眾公司和康拓公司都有意聘用他，這兩家公司在其他方面的待遇均相同，只有薪水待遇略有差別。惠眾公司提供的條件是：半年薪水 50 萬美元，薪水每半年增加 5 萬美元；康拓公司的條件是：年薪水 100 萬美元，每年加薪 20 萬美元。

請問下面哪一項正確地描述了大衛的選擇？

A. 大衛將去康拓公司，因為他兩年將多得 15 萬美元。

B. 大衛將去惠眾公司，因為他每年將多得 5 萬美元。

C. 大衛將去康拓公司，因為他每年將多得 5 萬美元。

第 8 章　邏輯運算

D. 大衛將去惠眾公司，因為他每年將多得 7 萬美元。

這些條件看起來都非常誘人，可是到底該去哪兒呢？如果你是大衛，你會怎麼選擇呢？不要著急，待算過之後再作決定。在此，大家可以借助列表法幫助推理。

【答案與解析】 B

表 8-2-1　薪水對比　　　　　　單位：萬美元

	惠眾公司	康拓公司
第一年	105	100
第二年	125	120
第三年	145	140
第四年	165	160

從上面的表格中不難看出，大衛一定會選擇去惠眾公司，因為每年能多賺 5 萬美元呢！看看，雖然康拓公司所給的薪水基數大，但對於大衛來說，實際每年的收益卻不如惠眾公司多。如果大衛不懂邏輯運算，就有可能會選擇薪水基數大的康拓公司，這樣的話每年就損失 5 萬美元了！由此看來，學習邏輯學、學會邏輯運算非常有必要。

醫院減肥實驗

某醫院進行為期 10 週的減肥實驗，參加者平均減肥 9 公斤，其中，男性參加者平均減肥 13 公斤，女性參加者平均減肥 7 公斤。醫生將男女減肥差異，歸結為男性參加者減肥前比女性參加者重。

從上文可推出以下哪個結論？

A. 女性參加者減肥前都比男性參加者輕。

B. 所有參加者體重均下降。

C. 女性參加者比男性參加者多。

D. 男性參加者比女性參加者多。

【答案與解析】C

　　毫無疑問，要想得出到底男性參加者多，還是女性參加者多，只有一個辦法，那就是算！實實在在的數字最具有說服力。怎麼算呢？先假設男性參加者為 X，女性參加者為 Y，那麼由題幹可以得到這樣一個關係式，即 $13X+7Y=9（X+Y）$，將這個式子化簡得到 $2X=Y$。也就是說，女性參加者是男性參加者的 2 倍，所以答案為 C。

　　看似無法比較的一道題，透過運用數學思維，成功化解難題。

三色球數量判斷

　　一年一度的中秋佳節即將來臨，某超市為了回饋新老顧客，推出了一系列優惠活動。其中有一項活動是消費金額滿 85 元便可以參與抽獎活動一次，並且是百分之百中獎。在一個盒子裡有 100 顆分別塗有紅、黃、綠 3 種顏色的球。紅色表示一等獎，黃色表示二等獎，綠色表示 3 等獎。

　　張三說：「盒子裡至少有一種顏色的球少於 33 顆。」

　　李四說：「盒子裡至少有一種顏色的球不少於 34 顆。」

　　王五說：「盒子裡任意兩種顏色的球的總數不會超過 99 顆。」

第 8 章　邏輯運算

以下哪項論斷是正確的？

A. 張三和李四的說法正確，王五的說法不正確。

B. 李四和王五的說法正確，張三的說法不正確。

C. 王五和張三的說法正確，李四的說法不正確。

D. 張三、李四和王五的說法都不正確。

【答案與解析】B

很顯然，100 可以分成 33、33、34。這種情況下，沒有一種顏色的球少於 33 顆，所以張三的說法不正確。因為 3 個 34 是 102，所以李四的話正確。由題意可知，每個顏色的球都有，所以任意兩種球的總數不會大於 3 種球的總數之和，那麼王五說法正確，答案為 B 項。

只要進行簡單的數學運算，這邏輯運算題就迎刃而解了。

記憶體價格

根據韓國媒體 10 月 9 日的報導：用於市場主流的 PC100 規格的 64MB. DRAM 的 8M×8 記憶體元件，10 月 8 日在美國現貨市場的交易價格已跌至 15.99～17.30 美元，但前一個交易日的交易價格為 16.99～18.38 美元，一天內跌幅近 1 美元；而與臺灣地震發生後曾經達到的最高價格 21.46 美元相比，已經下跌約 4 美元。

以下哪項與題幹內容有矛盾？

A. 臺灣是生產這類元件的重要地區。

B. 美國是該元件的重要交易市場。

C. 若兩人購買的數量相同，10 月 8 日的購買者一定比 10

月 7 日的購買者省錢。

D. 韓國很可能是該元件的重要輸出國或輸入國，所以特關心該元件的國際市場價格。

【答案與解析】C

雖然題意顯示該元件在 10 月 8 日已經降價，但是 10 月 8 日的價格是一個範圍，15.99 ~ 17.30 美元。10 月 7 日的價格同樣也是一個範圍，16.99 ~ 18.38 美元。那麼有可能一個購買者在 10 月 7 日購買該元件時單價為 16.99 美元，另一個購買者在 10 月 8 日購買該元件單價是 17.30 美元，這樣的話，C 項就不成立了，所以選 C。

王先生生日

隔壁王家今日張燈結綵，鞭炮聲不斷，招呼聲不停，一派熱鬧。原來今天是遠近聞名的王先生五十大壽之日。王先生是當地一位有名的企業家，近年來，生意越做越大，加之王先生樂善好施，所以王先生生日有這麼多人前來祝賀也就不足為奇了。

儘管生日宴在外人看來無比熱鬧，但王先生心裡還是有點空空的。因為在王先生看來，該來的沒有來，舉辦的生日宴有客人缺席。王先生說：「阿李、阿趙、阿潘和老馬四個人中最多來了兩人。」王太太說：「親愛的，我認為你說得不對，你說的與實際情況不一樣。」那麼王先生一直念叨的這四位好友到底來了沒？

如果王太太說得不對，以下哪項不是真的？

A. 阿李、阿趙、阿潘和老馬四個人中最少來了兩個。

B. 阿李、阿趙、阿潘和老馬四個人都沒來。

C. 阿李、阿趙、阿潘和老馬四個人都來了。

D. 除了阿李、阿趙、阿潘和老馬四個人以外，其他人都來了。

【答案與解析】C

如果王太太說的話是假的，那麼王先生說的話是真的，而與王先生說的話相符的即為真，反之，即為假。由此可以排除 A、B 兩個選項。D 項中涉及了一個其他人，而題幹中並未提到其他人，所以這是無關項，排除。那麼答案為 C 項。

誰是候選人

誰說上大學要花很多錢？其實，只要大家好好表現，上大學不僅不花錢，還能賺不少錢。如果你不信，請繼續往下看。

某科系按如下原則選拔特別獎學金的候選人。

(1) 將本科系的學生按德育情況排名，均分為上、中、下三個等級，候選人在德育方面的表現必須為上。

(2) 將本科系的學生按成績排名，均分為優、良、中、差四個等級，候選人的成績必須為優。

(3) 將本科系的學生按身體健康排名，均分為好與差兩個等級，候選人的身體狀況必須為好。

假設該科系共有 36 個大學生，則除了以下哪項之外，其餘都可能是這次選拔的結果？

A. 恰好有 4 個學生被選為候選人。

B. 只有 2 個學生被選為候選人。

C. 沒有學生被選為候選人。

D. 候選人數多於本科系學生的 1/4。

【答案與解析】 D

要對付這道題，就需要請出邏輯運算這個法寶了。從候選人的要求之一的成績項來看，成績被劃分為了四個等級，那麼候選人的數量最多為本科系的 1/4，而不可能多於這個數。所以，D 項不可能是這次選拔的結果。

韓信點兵

韓信是漢王劉邦手下的一員大將。有一次韓信帶領 1500 名士兵打仗，戰爭中有四五百人死傷。戰後韓信整理隊伍時，命令士兵 3 人一排，結果多出 2 人；命令士兵 5 人一排，結果多出 3 人；最後又命令士兵 7 人一排，結果又是多出 2 人。他當場宣布軍隊現有士兵人數，你知道共有士兵多少人嗎？

以下哪項是最可能出現的情況？

A. 若士兵 4 人一排，多出 1 人。

B. 若士兵 6 人一排，多出 2 人。

C. 若士兵 8 人一排，多出 3 人。

D. 若士兵 9 人一排，多出 4 人。

第 8 章　邏輯運算

【答案與解析】 A

看來韓信的智商確實了得，他整理了三次隊伍就迅速算出了士兵總數。那麼他是怎麼算的呢？這就涉及數學問題，所以數學思維該上場了。運用數學思維可知，士兵總人數為 1073 人。那麼驗證答案可知，應選擇 A 項。

哪間學校人比較多

小東和小西是一對好朋友，他倆分別來自東江大學和西海大學。這兩家大學在當地不分上下，互相是競爭勁敵，所以這兩家學校的學生碰面必互看不順眼。小東和小西剛見面就吵開了。小東說：「我所在的東江大學好，因為人數多，比東江大學好。」

正在他倆爭得不可開交之際，小東爸爸出來了。小東爸爸說：「如果比較日間部學生的數量，東江大學的學生數是西海大學生數的 70%；如果比較學生總數量（日間部學生加上推廣部學生），則東江大學的學生數是西海大學生數的 120%。」這下小東和小西都安靜了。

上文最能推出以下哪項結論？

A. 東江大學比西海大學更注重品質。

B. 東江大學推廣部學生數量所占總學生數的比例比西海大學高。

C. 西海大學的推廣部學生比日間部學生多。

D. 東江大學的推廣部學生比日間部學生少。

【答案與解析】 B

要解答這個問題，依然派數學思維這員猛將上場。透過數學思維的奮力拼殺，得出答案為 B 項。

哪國選手更優秀

世界田徑錦標賽 3000 公尺決賽中，始終跑在最前面的甲、乙、丙三人中，一個是美國選手，一個是德國選手，一個是肯亞選手。比賽結束後得知：

（1）甲的成績比德國選手的成績好。

（2）肯亞選手的成績比乙的成績差。

（3）丙稱讚肯亞選手發揮出色。

以下哪一項肯定為真？

A. 甲、乙、丙依次為肯亞選手、德國選手和美國選手。

B. 肯亞選手是冠軍，美國選手是亞軍，德國選手是季軍。

C. 甲、乙、丙依次為肯亞選手，美國選手和德國選手。

D. 美國選手是冠軍，德國選手是亞軍，肯亞選手是季軍。

【答案與解析】 C

透過對比賽結果（2）的分析可知，肯亞選手不是乙，同時他也不是冠軍，所以可排除 B 選項。繼續看結果（3），可知肯亞選手不是丙，同時也不是季軍，由此可排除 D 選項。再看結果（1），可以得出德國選手是丙，季軍。綜合所得結論，答案為 C 項。

由年齡看職業

　　小楊、小方和小孫在一起，一位是經理，一位是教師，一位是醫生。看起來這三個人一個比一個年輕，到底這三個人各自的身分是什麼呢？小孫比醫生年齡大，小楊和教師不同歲，教師比小方年齡小。

　　根據上述資料可以推理出的結論是：

　　A. 小楊是經理，小方是教師，小孫是醫生。

　　B. 小楊是教師，小方是經理，小孫是醫生。

　　C. 小楊是教師，小方是醫生，小孫是經理。

　　D. 小楊是醫生，小方是經理，小孫是教師。

【答案與解析】D

　　由題幹提供的資訊可以知道，小孫不是醫生，小楊和小方不是教師，所以小孫是教師。那麼答案為 D 選項。

故事

　　如果大家覺得以上的趣味題還不夠練手的話，那麼接下來呈上一組故事。大家開啟學霸模式，瘋狂練習吧！

參加畢業晚會

　　房間裡傳來了愉快的歌聲，床上擺了一大堆衣帽，小月與小穎兩姐妹正興奮地拿著衣服在鏡子前穿搭。今天兩人要去參加期待已久的畢業晚會，同時兩人又有點煩惱，這麼多衣服不

知道到底該穿哪一套。於是兩人找來媽媽當參謀，媽媽看著漂亮又可愛的女兒慈愛地說：「其實妳們穿什麼都好看，只是媽媽不喜歡妳們穿長袖配短裙。」接著媽媽又從這一大堆衣服中挑出了一件藍色短袖、一件粉色長袖、一條綠色短裙和一條白色長裙供女兒們選擇。

現在問題來了，這兩人應該怎樣選擇才能符合媽媽的審美呢？本來興奮又激動的兩姐妹現在有點不淡定了。她們努力思考著要怎樣分配這四件衣服，聰明的女兒們一下子就找到了解決方法。

其實，這位媽媽是給兩個女兒出了一道邏輯推斷題，所以只需要運用邏輯推斷就能將問題解決。如果姐姐穿粉色長袖和白色長裙，那麼妹妹穿綠色短裙和藍色短袖，這種搭配方式是符合媽媽的審美要求的。如果妹妹穿粉色長袖和白色長裙，那麼姐姐穿藍色短袖和綠色短裙，這也符合媽媽的審美要求。換句話說，如果不出現妹妹穿藍色短袖，姐姐穿綠色短裙的情況，其他搭配均可。

誰是金融系的

M 市一家大型金融公司正在舉行招聘活動。因為這家金融公司聲名遠播，所以前來求職者不計其數，整個招聘現場熙熙攘攘。人資部門負責人在一大波求職者中挑選了三個綜合條件最好的作為候選人，並將這三人的資料交給了董事長，讓董事長決定聘用誰。

第 8 章　邏輯運算

　　這三個人分別為甲、乙、丙，一個出生在 B 市，一個出生在 S 市，一個出生在 W 市。他們的科系，一個是金融，一個是企管，一個是外文。乙不是學外文的，乙不出生在 W 市。丙不出生在 B 市。學金融的不出生在 S 市。學外文的出生在 B 市。董事長看了這三個人的資料後，說：「考慮到我們正在拓展海外業務，所以就選那個學外文的吧！」那麼誰才是外文系的呢？

　　由故事中所提出的資訊可知，乙不是學外文的，所以排除乙。丙不出生在 B 市，學外文的出生在 B 市，所以甲是學外語的。那麼，這次被這家公司聘用的無疑就是甲了。

兒童節到了

　　在老師分食物前，小紅表示自己不喜歡吃蛋糕和鴨梨，她對老師說：「我媽媽說了，吃蛋糕會長胖，長胖了就沒人喜歡我了。」小華跟老師說自己不喜歡吃桃酥和蘋果。小林告訴老師自己不願意吃蛋糕和蘋果。老師根據小朋友們的喜好擬出了三套分配方案，讓小朋友們選擇，最終小朋友們都得到了自己想要的食物。老師提出的分配方案是：

(1) 分給小林月餅和香蕉，分給小紅桃酥和蘋果，分給小華蛋糕和鴨梨。

(2) 分給小林桃酥和鴨梨，分給小紅月餅和蘋果，分給小華蛋糕和香蕉。

(3) 分給小林月餅和鴨梨，分給小紅桃酥和蘋果，分給小華蛋糕和香蕉。

因為小紅和小林都不願意吃蛋糕，所以就把蛋糕分給小華。又因為小華不喜歡吃蘋果，所以分給小華香蕉或鴨梨。同樣的推理方式，可以得出給小紅和小林分配的食物。

趙張孫李周吳研發小組

甲公司兩年前研發了一款新產品，憑藉這款新產品，甲公司迅速打開了市場，打響了自己在業界的名聲。甲公司的負責人也因此而膨脹了，不再注重產品的研發和公司的管理。最近一些不知名的小公司紛紛推出自己的新產品，且這些產品大有超過甲公司產品的趨勢，讓甲公司的負責人感覺到了危機。甲公司的負責人深思熟慮之後，決定成立特別研發小組，重振公司雄風。

因為甲公司歷史悠久，實力雄厚，所以甲公司人才薈萃。趙、張、孫、李、周、吳六個工程技術人員都非常優秀。現在要從這六個人中挑選出三位組成一個特別研發小組，集中力量開發公司下一步推出的產品。為了使工作更有成效，人事部瞭解到以下情況：

（1）趙、孫兩人中至少要選上一位。

（2）張、周兩人中至少要選上一位。

（3）孫、周兩人中的每一個都絕對不要與張共同入選。

結果周因家中有事，放棄了這次機會。那麼最終同時入選的是哪兩位？

因為周放棄了這次機會，又根據情況（2），所以張必定被

選上。在結合情況（3）與情況（1），可知趙同時被選上。

誰是美國人

在一所國際學校中，每個班裡的同學都來自不同的國家，有著不同的膚色。這些不同國籍的人聚集在一起，互相交流各自的興趣愛好、文化信仰等，相處得非常融洽。

浩信、家銘和翔宣是同班同學，住在同一個宿舍。別看這些名字都是中文名字，其實都只是亞裔。因為入鄉隨俗，所以大家都取了中文名字。其中，一個是美國人，一個是英國人，一個是加拿大人。浩信和英國人不同歲，翔宣的年齡比加拿大人小，英國人比家銘年齡大。那麼這三個人到底來自哪裡呢？正確答案是，浩信是加拿大人，家銘是美國人，翔宣是英國人。

其實由故事可以得知，浩信不是英國人，翔宣不是加拿大人，家銘不是英國人，那麼可以推出翔宣就是英國人。因為翔宣的年齡比加拿大人小，英國人比家銘的年齡大，所以浩信是加拿大人。剩下的家銘毫無疑問就是美國人。

停車場轎車順序排列

某大學中一間大階梯教室中正在上邏輯學課。教授在講臺上繪聲繪色地講著課，下面卻有一個同學在睡覺。這讓教授感到很奇怪，因為每到自己上課時，不僅教室裡座無虛席，甚至還有學生站在教室後頭聽課，今天這位同學居然占著來之不易的座位在睡覺。於是教授出了一道邏輯題，並點名讓睡覺的同

學回答。

題目是這樣的，停車場上並排停放著三輛轎車，已經知道：

（1）Santana 右邊的兩輛車中至少有一輛是 Audi。

（2）Audi 左邊的兩輛車中也有一輛 Audi。

（3）白色轎車左邊的兩輛車中至少有一輛是紅色的。

（4）紅色轎車右邊的兩輛車中也有一輛是紅色的。

如果上述斷定是真實的，那麼，將這三輛車從左向右排列，應該是怎樣的？

就在其他同學都為這位睡覺的同學捏一把汗的時候，這位睡覺的同學卻不假思索地回答：「紅色 Santana，紅色 Audi，白色 Audi。」這位同學回答完之後，教授鼓掌了，接著整個教室的人都為他鼓掌。

由（1）可知，Santana 在最左邊。（1）和（2）告訴了我們右邊兩輛車都是 Audi 車。從（2）和（3）中可推出最右邊是白色 Audi。根據（3）和（4）可以推出 Santana 為紅色。再看（4），可推出中間一輛為紅色 Audi。

三部片名與導演

主持人宣讀某電影獎的獲獎名單，具體評選結果是：甲電影製片廠拍攝的電影《黃昏》獲得「最佳紀錄片」；乙電影製片廠拍攝的電影《孫悟空》獲得「最佳動畫」；丙電影製片廠拍攝的電影《白晝流星》獲得「最佳劇情片」。

授獎大會以後，甲導演說：「真是有趣，我們三個人的姓分

別是三部片名的第一個字，而且，我們每個人的姓與自己所拍的片子片名的第一個字又不一樣。」這時候，三廠中的孫姓導演笑著說：「真是這樣！」那麼三位導演各姓什麼呢？

由甲導演的話可知，甲導演不姓黃。因為甲導演說完話後得到了孫導演的回應，所以甲導演也不姓孫，他應該姓白。由此得知，乙導演姓黃，丙導演姓孫。

誰的收入高

公司最近新來了一位女神級的同事，並且就在他們隔壁的辦公室上班。這四位男同事都是單身，都想追求那位女同事，但又不敢貿然行動，於是派了同辦公室的女同事莉莉去打聽情況，並且承諾以大餐作為回報。

經莉莉打聽，女神級同事蓓蓓確實是單身，但是對於理想中的男友有很高的要求。具體來說有「三高」：高個子，高收入，高學歷。而這甲、乙、丙、丁四位男同事中，其中只有一人同時具備「三高」。此外，在這四個人中，只有三個人是高個子，只有兩個人是高收入，只有一個人是高學歷；每個人至少具備「一高」；甲和乙的收入一樣高；乙和丙的個子一樣高；丙和丁的個子不是一種類型（即如果丙是高個子，則丁是矮個子，反之亦然）。那麼最後誰能與蓓蓓走到一起呢？是丙。

如果丁是高個子的話，那麼丙是矮個子，乙也是矮個子。但這與實際情況不符，所以丙是高個子，丁是矮個子，丁淘汰。因為只有一個人同時具備「三高」，且四人中只有一個高學

歷，所以丁也沒有高學歷，再次淘汰。只有兩個人是高收入，假設高收入者為甲和乙，那麼丙和丁是低收入，也就說丁一個也不「高」，這不符合前提條件，由此可知丙和丁有高收入。只有一個人同時具備「三高」，那這個人就是丙了。

婚姻關係法則

在一個古代部落社會，每個人都屬於某個家族，每個家族只崇拜以下五個圖騰之一：熊、狼、鹿、鳥、魚。這個社會的婚姻關係遵守以下法則：

(1) 崇拜同一圖騰的男女可以結婚。

(2) 崇拜狼的男子可以娶崇拜鹿或鳥的女子。

(3) 崇拜狼的女子可以嫁崇拜鳥或魚的男子。

(4) 崇拜鳥的男子可以娶崇拜魚的女子。

(5) 父親與兒子崇拜的圖騰相同。

(6) 母親與女兒崇拜的圖騰相同。

現在有一個崇拜魚的女子結婚了，那麼她嫁給了崇拜什麼的男子？

由法則（1）可推出，她可能嫁給了崇拜魚的男子；因為法則（4），所以她可能嫁給了崇拜鳥的男子。

現在有一個男子崇拜的圖騰是狼，他有一個非常漂亮的妹妹，他要為他的妹妹挑選一個結婚對象。這個消息一傳出去後，前來求親者絡繹不絕。面對這麼多的求親者，妹妹也不知道該選誰，於是就想出了一個辦法，誰最先猜出自己崇拜哪一

第 8 章　邏輯運算

個圖騰就嫁給誰。

　　根據法則（5）可知男子的父親崇拜狼，也就是妹妹的父親崇拜狼。從法則（1）（2）中可知，妹妹的母親崇拜狼或鹿或鳥。再由法則（6）推出，妹妹崇拜狼或鹿或鳥。

誰是犯人

　　某市一家品牌珠寶店最近開了一家分店。新店開業生意非常興隆，人手不夠，於是這家珠寶店招聘了五名職員。這五名職員兢兢業業，並且有銷售經驗，業績非常好，但是珠寶店並沒有因此給這五名新職員加薪。別說加薪，待遇還不如老員工。這引起了這五名職員的不滿。一天，這五名職員在休息的時候，其中一個人說：「真不公平，為什麼我們的業績比他們老員工好，待遇卻不如他們。」另一個開玩笑地說：「既然他們對我們不公平，要不我們搶了他的珠寶店吧！」說完這話後，休息時間就到了，大家回到了各自的工作崗位。

　　誰知道幾天後，這家珠寶店真的失竊了。可能說者無心，聽者有意吧！總之這五名職員涉案被拘審。已知這五名職員中，參與作案的人說的都是假話，無辜者說的都是真話。這五名職員分別有以下供述。

　　張說：「王是犯人，王說過是他做的。」

　　王說：「李是犯人。」

　　李說：「是趙做的。」

　　趙說：「是孫做的。」

孫沒說一句話。

根據以上供述，警方很快得出了結論，即張作案，王沒作案，李作案，趙沒作案，孫作案。

因為「參與作案的人說的都是假話，無辜者說的都是真話」，所以可以連環推出王一定不是犯人，李是犯人，趙不是犯人，孫是犯人。由此可知道張說的是假話，那麼張也是犯人。

誰是 O 型血

生物課上，老師剛講了有關血型的知識。課後甲、乙、丙、丁四個人就迫不及待地開始討論各自的血型了。從他們的對話中可以知道，甲、乙、丙、丁四人的血型各不相同，即他們的血型各是 A、B、O、AB 四種血型中的一種。

甲說：「我是 A 型。」

乙說：「我是 O 型。」

丙說：「我是 AB 型。」

丁說：「我不是 AB 型。」

結果發現，四個人的話中，只有一個人的話是假的。現在乙承認自己的話為假話，那麼四個人各是何種血型呢？

因為乙說的是假話，所以乙不是 O 型血。又四個人中只有一個人說了假話，那麼甲是 A 型血，丙是 AB 型血，乙是 B 型血，由此又能推出丁是 O 型血。

第 8 章　邏輯運算

圍棋冠軍是誰

　　甲、乙、丙、丁四人生活在同一個村子裡，他們四個人有一個共同的愛好——下圍棋。四個人湊在一起下圍棋，經常一下就是一天，也正是因為這樣，他們的圍棋水準在當地無人能敵，當地人稱他們為「圍棋四大天王」。

　　一年，甲、乙、丙和丁毫無懸念地進入某圍棋邀請賽半決賽，但最後要決出一名冠軍。對此，張、王和李三人對結果作了如下預測。

　　張：「冠軍不是丙。」

　　王：「冠軍是乙。」

　　李：「冠軍是甲。」

　　已知張、王、李三人中恰有一人的預測正確，那麼誰最終奪得了冠軍？冠軍是丁。

　　如何得出誰是冠軍呢？在此可以用假設法來推斷。第一種情況，假設張預測正確，那麼王、李預測得不正確，冠軍不是丙，不是乙，也不是甲，即冠軍為丁，這是符合要求的；第二種情況，假設王預測正確，那麼張、李預測不正確，冠軍是丙，冠軍是乙，冠軍不是甲，這顯然不正確，因此排除這種可能；第三種情況，假設李預測正確，那麼張、王預測不正確，甲是冠軍，丙是冠軍，乙不是冠軍，這種情況也不符合要求。綜合以上情況來看，冠軍為丁。

第 9 章

假設

第9章　假設

　　從上一章開始，接下來的章節是對邏輯學理論知識的具體實踐。假設（hypothesis）是輔助邏輯推理的一種手段，是邏輯學理論知識實踐過程中需要用到的一種方法。借助假設法，整個邏輯推理將更加嚴謹，推理結論更具說服力。所以，哪怕是一個「假設」，大家也不能輕易放過。

一分鐘讀懂假設

　　假設法是論證推理中常用的思維和解決問題的方法之一，一般情況下是根據題幹補充一個前提條件，從而使得論證推理成立。值得注意的是，這個補充的前提條件往往是一個必要條件。

補充前提、因果聯繫

　　所謂補充前提，就是指為整個推理加上一個合理的前提條件，使得前提與結論之間形成緊密的因果關係，從而證明結論的正確性。

方法可行、推理可行

　　因為假設法有很強的原則性，所以並非任何情況都會用得上假設法。由於邏輯學與實際生活緊密聯繫，因此在推理有意義的時候，假設法才會出來助它一臂之力。

　　例如：林心如為了終生的幸福，嫁給了霍建華。也就是說，在林心如決定嫁給霍建華之前，她假設了嫁給霍建華會幸福。

當然，她的這個假設於她自己，於她的親朋好友，甚至於對她的粉絲，都是有意義的，因此這個推理可行。

無因無果、沒有他因

所謂無因無果、沒有他因的假設法，是指透過假設一個條件來否定前提與結論無關，從而證明結論成立。其實這是一種反證法。當我們無法從正面補充假設時，可以考慮從反面入手。

趣味題

到底這種假設法在論證推理的過程中是否如此神奇呢？我們透過一組趣味題來驗證一下。

諾貝爾獎獲得者與形象思維

人們大都認為，科學家的思維都是依靠嚴格的邏輯推理，而不是依靠類比、直覺、頓悟等形象思維手段，但研究表明，諾貝爾獎獲得者比一般科學家更多地利用這些形象思維手段。因此，形象思維手段有助於取得重大的科學突破。

以上結論是建立在以下哪項假設基礎之上的？

A. 有條理的、逐步的推理對於一般科學研究是必不可少的。

B. 諾貝爾獎獲得者有能力憑藉類比、直覺、頓悟來進行創造性思維。

C. 諾貝爾獎獲得者取得了重大的科學突破。

第 9 章　假設

D. 諾貝爾獎獲得者比一般科學家更為聰明和勤奮。

【答案與解析】　C

如果加入 A 項這個假設作為前提的話，並不能使前提與結論之間形成任何關係，所以排除。B 項說的是「創造性思維」，而題幹說的是「形象思維」，沒有關係。而 C 項這個條件的補充，使得題幹中的前提與結論形成了因果關係，結論得以論證。D 項的內容，它已經偏離題幹了，所以排除。故正確答案為 C。

宴請客人要不要選擇日本料理

小明的父母經過多年的奮鬥，終於買房。今天，一位親戚來市區辦事。小明父母得知後，邀請這位親戚來家裡坐坐。為了表示對客人的尊敬，小明一家人請這位親戚去了一家有名的日本料理吃飯。在臺灣，日本料理的數量本來就不少，近年更是不斷增加。為使上述結論成立，以下哪項陳述必須為真？

A. 日本料理數量的增加，並沒有同時伴隨其他餐廳數量的減少。

B. 大城市餐廳數量並沒有大幅增減。

C. 日本料理在大都市都比其他餐廳更受歡迎。

D. 只有現有餐廳容納不下，新餐廳才會開張。

【答案與解析】　D

選項 A 中只提到了餐廳數量增加，並沒有說客人的情況，所以不能使題幹中的結論成立。B 項為無關項，不選。C 項僅僅提到了日本

料理，而結論中說的是所有餐廳。加上 D 項內容作為前提，題幹與結論之間形成了因果關係，因此選 D。

諾貝爾獎臺灣也能得

當年某電視臺在報導了李遠哲獲得諾貝爾獎的消息後，做了以下評論：「今年又有一位華裔科學家獲得了諾貝爾物理學獎，但是到目前為止，還沒有臺灣人獲得諾貝爾化學獎，看來我們在自然科學方面的研究與全世界相比還是有差距。」

以上評論中所得出的結論最可能把以下哪項斷定作為隱含的前提？

A. 臺灣在化學等自然科學研究方面與世界的差距在逐步縮小。

B. 臺灣的化學有先進的理論基礎，和世界差距很大不正常。

C. 諾貝爾獎是衡量一個國家某個學科發展水準的重要標誌。

D. 諾貝爾獎的評比在原則上對各人種是公平的，但實際上很難做到。

【答案與解析】C

縱觀四個選項，A、B、D 三個選項與結論之間並無本質聯繫，甚至沒有聯繫，所以排除。加上 C 項這個條件後，前提與結論之間就構成了一個因果關係，結論得以論證。

第 9 章　假設

學術界對小說家的影響

有人說，只要待在學術界，小說家就不能變偉大。在學院生活中所積累起來的觀察和分析能力，對小說家非常有用。但只有沉浸在日常生活中，才能靠直覺把握生活的種種情感，而研究生活顯然與之不一致。

以下哪項陳述是上述論證所依賴的假設？

A. 偉大的小說家都有觀察和分析能力。

B. 對日常生活中情感的把握不可能只透過觀察和分析來獲得。

C. 沒有對日常生活中情感的直覺把握，小說家就不能成就其偉大。

D. 伴隨著對生活的投入和理智地觀察，小說家會變得偉大。

【答案與解析】C

小說家今天所取得的巨大成就離不開研究生活的磨練和積累，但更多的還應該歸功於日常生活所提供的靈感和情感。所以，以上結論的得出並不是沒有道理可言，只是要證明結論的可靠性還需為其加上一個前提條件。從以上論證推理中不難看出，對於一個偉大的小說家來說，研究生活的磨練固然必不可少，但是對日常生活中情感的直覺把握更為重要。依據這種思想，這個論證所依賴的假設就是 C 項內容。

燒焦的骨頭

在一個月黑風高的夜晚，三個穿著與夜色一般黑的衣服的人在荒無人煙的叢林中出現了。三個人在一塊空地上徘徊了幾圈後，便拿著鐵鏟和鋤頭開始挖掘，他們就是傳說中的盜墓者。三個人好不容易挖開了一個大坑，卻發現坑裡只有一堆燒焦的骨頭。他們第一次遇見這種情況，被嚇了一大跳，從此再也不敢盜墓了。

其實，他們看到的是燒焦的動物骨頭，是人們烤動物後留下的骨頭。並且根據報導，在大坌坑遺址發現了燒焦的水鹿骨殘片，這證明人類在很早的時候就掌握了取火煮食肉類的技術。

上述推論中隱含著下列哪項假設？

A. 從大坌坑以來的所有人種都掌握了取火技術。

B. 大坌坑人不生食水鹿肉。

C. 只要發現燒焦的水鹿骨就能證明早期人類曾聚居於此。

D. 水鹿骨是被人類用火燒焦的。

【答案與解析】D

雖然在大坌坑遺址中發現了燒焦的水鹿骨殘片，但如果這個骨頭不是被人類取火燒焦，而是被閃電擊焦，或者由於一些其他原因致焦，結論就不能成立。由此看來，需要添加的前提條件就是 D 項內容。

第 9 章　假設

汪副校長發言

　　昨天，校學生會整理完了本學期申請就學貸款的學生名單，並將名單上交給了主管此事的汪副校長。汪副校長看到名單後，感慨頗多，於是決定召開一次校務會議。在校務會議上，汪副校長發言道：「總體說來，現在的大學生的家庭困難情況有了大幅度的改善。這種改善是十分明顯的，因為現在申請就學貸款的學生越來越少了。」

　　上面汪副校長的結論是由下列哪項假設得出的？

A. 現在大學生父母親的收入不斷增加，大學生不再需要用就學貸款來養活自己了。

B. 儘管家境有了改善，也盡量申請就學貸款。

C. 學生是否申請就學貸款，是衡量學生家庭是否困難的一個重要標準。

D. 大學生把更多的時間用在學業上。

【答案與解析】C

　　從汪副校長的發言來看，其前提是事實，其結論也是事實，但是其前提與其結論之間並無本質聯繫，不足以證明其結論。要使這個結論具有說服力，就需要說明就學貸款與家庭困難之間有著必然的關係。C 項內容恰好符合這個要求，因此答案為 C 項。

鎮靜劑與謊言

　　廣泛使用的小劑量鎮靜劑，可使人們在測謊測驗中撒謊而

不被發現。被測謊測驗測試所產生的壓力能夠被這種藥有效地抑制，並且沒有顯著的副作用。這個事實的一個附加應用是：這種藥在減少日常生活的壓力時同樣有效。

上文基於下列哪一個假設？

A. 鎮靜劑對壓力總是一種有效治療。

B. 壓力反應的抑制增加主觀的壓力。

C. 被測謊測驗測試所產生的壓力與日常生活的壓力類似。

D. 在測謊測驗中撒謊的人總是顯示壓力訊號。

【答案與解析】C

要證明這個附加應用的真實性，就需要說明這兩種不同名稱的壓力實則是同種類型，具有相似性。也就是說，使前提之間形成一種類比關係，用類比論證來證明結論的正確性。在所提出的四個選項中，只有 C 項將兩者進行了類比，並說明兩者具有相似性，所以答案為 C 項。

行星能不能生存

小樂和小可是天文愛好者，她們常常相約在一起討論天文問題。這一天，她們像往常一樣，一起分享各自的最新的天文學知識。分享完之後，小樂說：「真想親自去一趟那神祕的宇宙，看看宇宙中是否還有其他生命存在。」接著她又自言自語道：「不管你信不信，反正我相信宇宙中有其他生命存在，將來我一定會找到那個星球，並登上那個星球。」

小可聽了後，回答說：「外星生命存在機率最高的地方，

是太陽系之外的某個行星。單銀河系就包含了 1000 億顆其他行星，可能有類似於地球的行星伴隨著，使得它們適合生命居住。」

小可的陳述做了下面哪一個假設？

A. 在另一顆行星上的生物與地球上的生物有相同的外貌。

B. 生命不可能存在於我們太陽系中的其他行星上。

C. 如果合適的物理條件存在，存在其他生命將是一個不可避免的結果。

D. 另一個行星上的生命存在需要有類似於地球上的條件。

【答案與解析】 D

從小可的論證推理過程來看，她認為存在地球之外的有生命的行星，因為在眾多的行星中可能有一些類似於地球的行星伴隨。在這個論證過程中，顯然暗含了其他行星，有類似於地球上的條件是其存在生命的必要條件。由此來看，D 項為正確答案。

有毒的野草

植物界中有很多植物都不是善類，歐洲蕨就是一種有毒的野草，近年來在北半球蔓延並且毀壞了許多牧場，對付這種野草有一種花錢少而且能夠自我維持的方法，就是引進這種植物的天敵。因此，一些科學家建議，將產於南半球的以歐洲蕨為食的蛾，放養到受這種野草影響的北半球，以此來控制歐洲蕨的生長。

如果科學家控制歐洲蕨的建議被採納，以下哪一項是它獲

得成功的必要條件？

A. 北半球的這種歐洲蕨也生長在南半球氣候和土壤條件相近的地區。

B. 所放養的蛾除了吃歐洲蕨外，也吃生長在北半球的其他野草。

C. 所放養的蛾能夠在北半球存活下來，並且能夠形成一個足夠大的群體，以便減少歐洲蕨的數量並阻止其生長。

D. 歐洲蕨的數量減少後，牲畜將對這種野草引起的疾病產生免疫力。

【答案與解析】C

很顯然，如果這種產於南半球的蛾並不能在北半球生存下來，那麼科學家的建議就毫無意義可言。所以，在科學家的論證推理中，暗含了這種蛾能夠在北半球生存，並且能夠控制歐洲蕨的條件。由此看來，選項 C 符合題意。

什麼樣的面試者能被錄用

小亮最近非常苦惱，因為他已經連續六次被面試官拒絕了。剛剛畢業的小亮與同學們一樣忙著找工作。經過仔細考慮和篩選，小亮向自己的心儀的六家公司投去了履歷。很快，小亮相繼收到了公司的面試通知。但六次面試，六次被拒絕，這讓小亮無法冷靜了。看著身邊的同學們都一個個都有了工作，小亮決定向身為某公司人資的父親求助。

父親聽了小亮的話後，告訴小亮：「面試在求職過程中非常

第 9 章　假設

重要。經過面試，如果面試者的個性不適合待聘工作的要求，則不可能被錄用。」

小亮父親的論斷是建立在哪項假設基礎上的？

A. 必須經過面試才能取得工作，這是業界的規矩。

B. 只要與面試官關係好，就能被聘用。

C. 面試官能夠準確地分辨出哪些個性是工作所需要的。

D. 面試的唯一目的就是測試面試者的個性。

【答案與解析】C

由此看來，小亮屢屢被拒絕，是因為面試官面試後，發現其個性與工作要求並不相符。可能事實的確如此，但小亮的父親並沒有說清楚為什麼經過面試能夠知道面試者的個性是否與工作要求相符，而加上選項 C 這個前提後，就能夠說明問題了，所以答案為 C。

企鵝大戰北極熊

店員對顧客說：「壓縮機是冰箱的核心零件，企鵝牌冰箱採用與北極熊牌冰箱同樣高品質的壓縮機。因為企鵝牌冰箱的價格比北極熊牌冰箱的價格要低很多，所以，當你買企鵝牌冰箱而不是北極熊牌冰箱時，你花的錢少卻能得到同樣的製冷效果。」

下面哪一項如果被證實，能合理地推出店員的結論？

A. 北極熊牌冰箱的廣告比企鵝牌冰箱的廣告多。

B. 店員賣出一臺企鵝牌冰箱所得的收入，比賣出一臺北極熊牌冰箱所得的收入少。

C. 冰箱的製冷效果僅僅是由它的壓縮機的品質決定的。

D. 企鵝牌冰箱每年的銷量比北極熊牌冰箱每年的銷量大。

【答案與解析】C

因為店員從兩種冰箱的壓縮機品質一樣，推出兩種冰箱的製冷效果也一樣，所以要使店員的結論成立，應該為其添加的一個假設前提就是冰箱的製冷效果僅僅取決於壓縮機的品質。C 項符合這個意思，所以選擇 C 項。

故事

為了幫助大家進一步鞏固在論證推理中對假設法的運用，接下來將以故事的形式為大家說明如何思考和應用假設法。

野生動物被盜獵

在遼闊的非洲大草原上有許多珍貴的野生動物，但野生動物被盜獵的現象屢見不鮮，屢禁不止。而儘管相關法律越來越嚴厲，但盜獵現象並沒有得到有效抑制，反而有愈演愈烈的趨勢，特別是對犀牛的捕殺。因為一隻沒有角的犀牛對盜獵者是沒有價值的，所以野生動物保護委員會為了有效地保護犀牛，計劃將所有犀牛的角都切掉，以使牠們免遭被殺害的厄運。

不得不說野生動物保護委員會的這個計畫有失妥當，在野生動物保護委員會的整個推斷中，並沒有說明切掉犀牛角就能防止犀牛被獵殺。所以，要保證野生動物保護委員會的這個計

第 9 章　假設

畫切實可行，還需要為其添加一個條件：假設盜獵者不會殺害對他們沒有價值的犀牛。有了這個假設，用切掉犀牛角的辦法來保護犀牛就顯得切實可行了。為了長遠考慮，小犀牛們只有忍受短痛，幸福的生活才能長久。（但實際生活中不可採用此方法。）

董事會解雇親信

M 公司開完關於上個季度的業績總結大會後，董事會的成員們一臉沉重。因為上個季度的業績不僅沒有增加，而且下滑了不少，並且上個季度公司為擴大業務、提升業績，還新招進了一批員工。這樣看來，新招進的這批員工根本沒有發揮提升業績的作用，簡直白養了這批人。

對此，董事會聯合人力資源部門緊急召開了一個會議。在會議上，人事經理表示新招進的這批員工中，有不少是董事會成員的親信。於是董事會決定，首先解雇業績差的親信，而不是簡單地按照年齡的長幼決定解雇哪些員工。

很顯然，董事會作出的這個決定是基於他們有比較準確地判定業績好壞的方法。在很多時候，當面對利益衝突時，人情往往要讓位於利益。當然，這也是優秀管理者該有的特質。對於一個公司的管理者來說，公司整體的利益才是最重要的。如果該公司董事會有了一套判斷業績的方法，能夠秉公處理這個問題，那麼維護的將是整個公司的利益。

地下還有多少石油

小 A 最近打算買輛車作為代步工具，因為他覺得每天擠公車浪費了不少寶貴的時間。再說，以他現在的經濟能力，買輛車完全不會肉痛。小 C 得知這個消息後，對小 A 說：「買車不划算。你以為開車上班能節約時間？那是你沒看到尖峰時刻馬路上塞得那麼壯觀。另外，油錢那麼貴。聽說石油都快被開採完了。所以，你還是放棄買車吧！」聽了小 C 的話後，小 A 動搖了。可是過了幾天，小 A 開車來上班了。

原來，小 A 後來看到了一則新聞，新聞上說，有的地質學家認為，如果地球未勘探地區中單位面積的平均石油儲藏量能和已勘探地區一樣的話，那麼，日前關於地下未開採的石油儲藏量的正確估計要乘以一萬倍。由此可得出結論，全球的石油儲藏量至少可以在未來五個世紀中滿足需求，即便此種需求每年呈加速上升的趨勢。

雖然小 C 的話有危言聳聽的性質，但地質學家的話同樣值得懷疑。即使地球上的石油儲藏量非常豐富，如果其不能被探測和開採，那也沒有意義。所以，地質學家想要讓人認可他的結論，還需要在論證中加入一個前提，即地球上未勘探地區中儲藏的石油可以被勘測和開採出來。只有這些石油被開採出來了，才能夠被人類使用，才能滿足未來五個世紀中人們的需求。

第 9 章　假設

化學工業安全問題

　　松田美子此刻正與一家化工公司的負責人吵得不可開交。這家化工公司是松田美子父親工作了三十多年的地方。三十多年來，松田美子的父親一直盡職盡責地為這家公司服務。可是前不久，松田美子的父親被查出患了嚴重的呼吸道疾病。據醫生說，這是由於父親長期在化工公司工作造成的，並且要徹底治療這種疾病需要一筆不菲的費用。父親是家裡唯一的經濟來源，現在父親倒下了，松田美子只能想到向父親曾經賣命工作的公司求助。沒想到這家公司過河拆橋，否認松田美子父親的病是工作所致。

　　這家公司的負責人還說：「雖然自從 20 世紀中葉化學工業在世界範圍成為一個產業以來，人們一直擔心，它所造成的污染將嚴重影響人類的健康，但統計資料表明，這半個世紀以來，化學工業發達的工業化國家的人均壽命成長率，遠遠高於化學工業不發達的發展中國家。所以，人們關於化學工業危害人類健康的擔心是多餘的。你父親的病不可能是因為工作所致。」

　　松田美子聽了這話以後，雖然不願意承認，也不敢相信，但吵來吵去也找不到一個有力的反駁理由。其實，這位負責人的話存在邏輯漏洞，松田美子只需要找出這個邏輯漏洞就能擊敗這位負責人。負責人以化學工業發達的國家的人均壽命成長率高作為前提，直接推出化學工業無害於人類健康。看似有

理，事實上這兩者間並無直接聯繫，也就是說，這個前提不足以證明結論的真實性。要使得結論成立，至少要為其添加一個條件，即如果化學工業的發達程度不變，工業化國家的人均壽命成長率不會變得更高。

大家都知道人均壽命成長率與很多因素有關，比如醫療衛生水準的提高，生活水準的提高等等，所以這個前提不具有科學性。其實只要松田美子找到這兩個漏洞中的任意一個，都能把它作為反駁負責人的有力工具。由此看來，學習邏輯學的確很重要。

孩子看電視

小星是一個五年級的小學生。在學校，小星的成績是數一數二的，並且小星的愛好就是讀書。儘管現在已經進入了網路時代，同學們都透過網路或者電視來獲取資訊，但是小星依然選擇透過書本獲取資訊。

一天課餘，同學湊在一起討論流行話題的時候，小星問了一句，這引起了同學們的哄堂大笑，同學們都說小星落伍了，這讓小星感到很難堪。放學回到家中，小星做的第一件事就是打開了電視。他不想自己再度成為同學們眼中的無知者。

可是電視剛打開就被媽媽關了。媽媽說：「一個看電視的孩子經歷了一個聲音和圖像迅速閃過螢幕的過程，其速度之快僅允許讓眼睛和耳朵接收這些過程。不像書本，可以按其願望或快或慢地看，電視畫面過快的速度在打擊，而不是提高孩子的

179

想像力。」一直以來媽媽就用這個思想教育小星，所以小星養成了讀書的習慣。以前小星覺得讀書是一件非常享受的事情，但是經過今天的事情，小星不這麼認為了。於是小星找來了爸爸幫忙。

小星爸爸是一位邏輯學教師。他聽了小星的陳述，又聽了小星媽媽的理由後，說了一番話。這讓小星媽媽主動為小星打開了電視。他對小星媽媽說：「從你的話來看，你所提出的前提條件並不足以支持你的結論。要使你的結論成立，則至少需要為其添加一個前提條件，那就是當孩子能夠控制娛樂步調時，孩子的想像力能夠發展得更完全。但實際上這種控制娛樂步調的能力需要慢慢培養。而在看電視的過程中可以培養這種能力。」

效率與公平

大家都知道，國家領導人很忙。國家領導人在忙什麼呢？國家領導人當然是在忙著國家大事，忙著國計民生，忙著提升國民經濟的成長速度，忙著讓老百姓過上更加幸福美滿的生活。國家的事情太多了，讓領導人應接不暇。有人向國家領導人反映收入不均的問題。這個問題不是新出現的，它是一個歷史問題，它的存在由來已久。但是這也確實是一個大問題，是一個困擾著多屆國家領導人的問題。

針對這個問題，國家領導人在一次演講上說：「如果不設法提高低收入者的收入，社會就不穩定；假如不讓民營經濟者

得到回報,經濟就上不去。面對收入與分配的兩難境地,宣導『效率優先,兼顧公平』是正確的。如果聽信『公平優先,兼顧效率』的主張,經濟就會倒退到『既無效率,又無公平』的年代。」

顯然國家領導人的這個論述依賴了一個假設,那就是宣導「效率優先,兼顧公平」不會使經濟回到「既無效率,又無公平」的年代。如果沒有這個假設,那麼國家領導人的論述就存在邏輯漏洞,結論得不到論證。加上這個假設之後,整個論證有理有據,邏輯十分清晰。

誰的實驗結果是正確的

上課鈴響了,老師走進教室宣布:「為了讓同學們更深入理解我們上節課所學的內容,這節課我們去實驗室。大家收拾好東西,有秩序地去實驗室。」同學們聽到這個消息後非常高興,迅速收拾好了書本,來到了實驗室。在做實驗之前,老師為同學們分組,兩個同學為一組,接著以小組為單位實驗。各小組的實驗進展得都很順利,但 D 組突然出現異樣情況。老師快步前去瞭解情況。

原來這個小組的兩個同學在同一個實驗中,卻得到了兩個不同的結果,但是兩個人都認為自己的結果是正確的。老師瞭解到這一情況後,親自指導他們重新實驗,但是得到的結果與那兩位同學所得到的結果都不相同。於是老師由此得出結論:最初的實驗結果是由錯誤的測量方法造成的。

第 9 章　假設

　　老師得出的這個結論實際上是一個論證推理的過程，但是老師所提出的前提條件並不充分，不能有力地證明結論成立。老師得出了這個結論，是因為他默認了一種前提條件的存在，即重複實驗不會像最初實驗那樣由錯誤的測量方法而造成有問題的結果。

大草原的發現

　　類人猿是一種非常厲害的物種。很多人把猿跟猴混為一談，其實這兩者是有區別的。最明顯的一個區別就是猴有尾巴，而猿沒有。除此之外，類人猿很早就會使用工具了。類人猿借助工具減輕了自己的工作負擔，提高了工作效率。

　　據考古學家說，類人猿使用的工具和其後的史前人類所使用的工具很相似。最近他們在東非考古所發現的古代工具，就屬於史前人類和類人猿都使用過的類型。但發現這些工具的地方是熱帶大草原，熱帶大草原有史前人類居住過，而類人猿只生活在森林中。因此他們認為，這些被發現的古代工具是史前人類，而不是類人猿使用過的。

　　這個論證看似有道理，實則經不起推敲，沒有說服力。考古學家忽略了滄海桑田的事實。如果這個熱帶大草原是由森林演變而來的，那麼這個結論就被推翻了。所以，要使考古學家的結論具有說服力，應為其添加一個假設前提：即使在相當長的環境生態變化過程中，森林也不會演變成草原。

急性視網膜壞死症候群

　　昨天小光的世界還是多姿多彩的，今天就變成了一片漆黑。沒錯，上帝在一夜之間收走了他明亮的雙眼。不僅小光無法接受這個事實，小光的父母以及親朋好友全都無法接受這個殘酷的事實。小光是一名高中生，並且成績非常優異，是老師和父母的驕傲，是同學們學習的榜樣。

　　經過檢查，醫生斷定小光患了急性視網膜壞死症候群。醫生還告訴小光：「這是一種由皰疹病毒引起的眼部炎症症候群。急性視網膜壞死症候群患者大多臨床表現反覆出現，相關的症狀體徵時有時無，藥物治療效果不佳。這說明，此病是無法治癒的。」

　　醫生的結論如同給了小光以及小光父母當頭一棒，讓他們悲痛的心情更是雪上加霜。但是小光很快從悲痛中走出來了，並且積極配合醫生的治療。因為小光仔細思考了醫生的話，發現醫生的話存在邏輯漏洞。根據醫生所提出的前提條件，不足以證明「此病是無法治癒的」。如果要證明這個結論，那麼還需要一個前提條件，即反覆出現急性視網膜壞死症候群症狀體徵的患者沒有重新感染過皰疹病毒。

　　實際上，醫生沒有確定患者是否重複感染過這種病毒，是醫生將控制這種病毒想得太難了。換句話說，這種病還有治癒的希望。由此看來，小光真不愧是一名優異的學生，嚴謹的邏輯思維的確讓人佩服。另外，也正是因為小光嚴謹的邏輯推

第 9 章　假設

斷，讓他重新對治療，對生活充滿了信心。

已婚夫婦難以獨立生活

　　小葉和小水已經相戀三年，婚後他們離開了父母身邊，住進了自己的小家。

　　這一刻對於他們來說，是嚮往已久的。因為沒有人再對他們的各種所謂的不良生活習慣說「NO」了，沒有人早上催他們起床，晚上催他們睡覺，他們可以隨心所欲地通宵達旦，或者睡到日上三竿。但是，兩人生活了半個月後，主動搬回了父母家中。因為，沒人為他們做飯，也沒人為他們收拾屋子，而他們自己也不會。總之，離開了父母後，他們無法獨立生活。

　　據一項調查結果顯示，1995 年，年齡在 25 歲到 30 歲之間的已婚青年夫婦，與父母或岳父母生活在一起的人占該年齡段人口的比例是 15%；而 2002 年，這一比例升至 46%。因此，有人得出結論，在 2002 年，這一年齡階段的已婚青年夫婦更難以獨立生活。

　　顯然這個結論的得出基於這樣一個假設，即這一年齡段的青年夫婦只要能夠獨立生活，就不會選擇與雙方父母親共同生活。的確，從小葉和小水的身上能夠看到，他們選擇與父母一起生活的原因在於，他們難以獨立生活。所以，加上這個前提條件後，整個論證過程更加嚴謹，結論更具有說服力。

高薪留人背後的故事

　　小荃和小政一直以來都是同班同學，兩人在校期間成績不分高下。畢業後，小荃去了一家私企工作，小政則選擇了國營企業。上班後，似乎大家的生活都過得波瀾不驚，偶爾聚聚，也沒有聽說什麼重大的新聞。就這樣過了幾個月，小政發現小荃開始 Po 各種遊玩的照片，藍天、白雲、海浪、沙灘、美景、美食，讓人很羨慕。起初小政還以為小荃辭了工作，到處遊玩散心。後來在一次聚會中，小政瞭解到小荃並沒有辭職，相反，出去遊玩都是公司舉辦的免費活動。這讓小政羨慕不已。不僅如此，小荃的薪水也比小政高出好幾倍。於是小政有了跳槽的打算。

　　針對目前的這種情況，有人說，私企透過提供高薪來吸引具有較強能力的專業人才。這一措施導致的結果是，大多數受雇於私企的專業人才的收入比相同層次，但在國營企業工作的專業人才高出 60%。所以，除非國營企業雇用的專業人才，更多被對大眾和公益事業的責任感、而不是個人利益所驅使。否則，國營企業有可能使它的相當一部分專業人才流失到私企，因為這些專業人才很容易在私企中找到工作。

　　從這個論證推理中可以得知，私企的專業人才獲得的薪水遠遠超過了國營企業專業人才獲得的薪水。雖然如此，如果國營企業能為這些專業人才提供優越的工作條件和一些額外的福利，那麼這些專業人才就不會棄國營企業而去。也就是說，以

第 9 章　假設

上結論的得出是基於國營企業不給為它工作的專業人才提供優越的工作條件，或者是不支付這些專業人才由於較低的薪水而獲得補償的額外福利這樣一個假設前提。

隨機抽取樣本實驗

　　家樂福計畫在 H 市開一個分店。為了最大限度地打開市場，家樂福超市決定先做一個市場調查。市場調查以問卷的形式展開。在為期一週的市場調查結束後，家樂福超市對調查結果進行了統計和分析，但得到的結果與預期存在差距。於是，家樂福超市的負責人決定再進行一次問卷調查。這次問卷調查的內容與前一次問卷調查的內容大體相同。唯一的不同之處是問題的排列順序發生了改變，這次問卷調查得到的結果與前一次截然不同。

　　不僅家樂福超市遇到了這種情況，其他採用問卷調查的方式進行資訊收集的機構也遇到了類似的問題。一個隨機抽取的顧客樣本群體對一項市場調查中的問題做了回答。六個月後，另一個隨機抽取的顧客樣本群體回答了相同的問題，只是問題排列的順序有所調整，但是兩組樣本對許多單一問題的回答方式有很大的差別。於是有人得出結論，這表明有時只因排在前面的問題不同就會導致對後面問題的不同回答。

　　無論是家樂福超市，還是其他使用問卷調查的機構，都忽略了一個問題，即同一個人在不同的時間、不同的地點，甚至不同的天氣狀況下，對同一個問題會作出不同的回答。也就是

說，以上結論是在顧客不會在一年中的不同時間對這些問題作出不同回答的這樣一個假設下得出的。

禁菸廣告

眾所皆知，吸菸有害健康。許多人認為，香菸廣告是造成青少年吸菸的關鍵原因。但是，挪威自 1975 年以來一直禁止香菸廣告，然而，這個國家青少年吸菸的現象，卻至少和那些不禁止香菸廣告的國家一樣流行。

如果題幹中關於挪威所出現的這種情況是真實的，那麼它是建立在「香菸廣告不是影響青少年吸菸的唯一原因」這個假設之上的。只有這個假設成立，題幹中的結論才是真實可信的。

第 9 章　假設

第 10 章
論證

第 10 章　論證

　　一個人在萬念俱灰的時候，最需要的是別人的支援。邏輯推理也需要「支援」，有時候，一個論證條件（argument），就能讓毫無邏輯或者邏輯性很弱的推論瞬間變得非常嚴謹、邏輯性極強。所以，有時候你的推論不夠嚴謹，其實只是缺少了一個「論證」而已。

一分鐘讀懂論證

　　何為論證？在一個論證推理的過程中，所提出的前提條件雖然能夠推出結論，但是對結論的論證力度不夠，因此為了使結論更具說服力，還需為其添加一個前提條件，這個前提條件就叫論證。換句話說，有了這個前提條件，能最大程度地保證這個結論成立。論證與假設有共同之處，即論證可以為結論成立的一個必要條件；但它們也有不同之處，支援還可以是結論成立的充分條件。

肯定假設、因果聯繫

　　肯定假設即透過增加一個肯定的前提條件，使得前提與結論之間形成一種因果聯繫，從而證明結論成立。

加強前提、論證結論

　　大家都知道，律師在為其委託人辯護的過程中，往往會借助一堆事實或者證據。類比到邏輯學中，在一個邏輯推理過程中，為了得出一個具有說服力的結論，強而有力的前提條件是

必不可少的。所以，為了盡量達到支援結論的目的，可以使用
加強前提的方法。也就是在論證中，添加一些正面事實作為前
提條件。

趣味題

電腦能不能具備主動性和創造性

電腦專業人士認為，人的日常思維和行動，哪怕是極其微
小的，都包含著有意識的主動行為，包含著某種創造性，而電
腦的一切行為都是由預先編制的程式控制的，因此電腦不可能
擁有人所具有的主動性和創造性。

補充下面哪一項，將最強有力地論證題幹中的推理？

A. 電腦能夠像人一樣具有學習功能。

B. 電腦程式不能模擬人的主動性和創造性。

C. 在未來社會，人控制電腦還是電腦控制人，是很難說的
一件事情。

D. 人能編出模擬人的主動性和創造性的電腦程式。

【答案與解析】 B

電腦的行為由程式控制，而程式是人編制的。要加強上述結論，
無疑需要說明電腦程式有其局限性，不能模擬人的主動性和創造性。B
項內容剛好符合這個要求，因此答案為 B。

第 10 章　論證

精製糖是健康食品嗎

喜歡甜味的習性曾經對人們有益，因為它使人們在健康食品和非健康食品之間選擇前者。例如，成熟的水果是甜的，不成熟的水果則不甜，喜歡甜味的習性促使人們選擇成熟的水果。但是，現在的食糖是經過精製的。所以，喜歡甜味不再是一種對人們有益的習性，精製糖不是一種健康食品。

以下哪項如果為真，最能加強上述論證？

A. 絕大多數人都喜歡甜味。

B. 許多食物雖然生吃有害健康，但經過烹飪則可成為極有營養的健康食品。

C. 有些喜歡甜味的人，在一道甜點心和一盤成熟的水果之間，更可能選擇後者。

D. 喜歡甜味的人，在含食糖的食品和有甜味的自然食品（如成熟的水果）之間，更可能選擇前者。

【答案與解析】 D

透過對題幹的解讀可以得出，因為精製糖不是一種健康食品，所以喜歡甜味不再是一種對人有益的習性。精製糖多用於甜品中，成熟水果等食物中的甜味並不屬於精製糖。因此，要加強上述論證，就需要說明人們在面對含食糖的食品和成熟水果時，會更多地選擇含食糖的食品而非成熟水果。縱觀四個選項，D 項表達的恰好就是這個意思，所以答案為 D。

冬天的天然氣會漲價嗎

今年傳來了一個好消息，儘管冬天來臨了，但消費者使用的石油價格特別低，並且可能會保持下去。所以，除非冬天特別嚴寒，消費者使用的天然氣價格也可能會保持在低水準。

以下哪項如果為真，最能論證上述結論？

A. 天氣預報預測會有一個溫暖的冬季。

B. 消費大量天然氣的使用者可以很快和便宜地轉換到石油這種替代品。

C. 石油和天然氣二者的最大供給來源地在亞熱帶地區，不太可能受冬季氣候的影響。

D. 天然氣使用者的燃料需求量不會受氣候的嚴重影響。

【答案與解析】 B

溫暖的冬季也是冬天，也需要取暖，因此 A 項不符合要求，排除。使用者如果能夠很快和便宜地轉換到石油的替代品，說明使用者對石油的依賴程度很低，石油處於一個供過於求的狀態。在這種情況下，石油的價格不會太高，那麼天然氣的價格也就會保持在低水準了。由此看來，B 項能夠論證上述結論，答案為 B。

強制陪伴就是幸福嗎

有法律專家認為：我們應當制定全國性政策，用立法的方式規定父母每日與未成年子女共處的時間下限，這樣能夠減少子女平日的壓力，法律也就能夠使家庭幸福。

以下各項如果為真，哪項最能夠加強上述的推論？

A. 父母有責任撫養好自己的子女，這是社會對每一個公民最基本的要求。

B. 大部分的子女平常都能夠與父母經常在一起。

C. 這項政策的目標是降低子女在平日生活中的壓力。

D. 未成年子女較大的壓力，是成長過程以及長大後家庭幸福最大的障礙。

【答案與解析】D

專家得出的結論是制定的法律能夠使家庭幸福，而選項 A 中說的內容與教授的結論沒有任何關係，排除。B 項也是無關項，不能發揮加強推論的作用，排除。很明顯這項政策的目的是讓家庭更幸福，所以 C 項表述不正確，排除。如果將 D 項內容作為前提添加到推論中，結合這樣的法律能夠減少子女平時的壓力這一前提，使得整個推論有理有據，得到了加強。因此答案為 D 項。

空間聯繫預言

透過處理光傳遞的資訊，人們可以看到物體之間的空間聯繫，試圖建造可以透過相同處理常式來察覺空間聯繫的科學家們，至今已經設計和建造了固定的機器。但是，只有在這些科學家生產出可以在其所處環境中移動的機器後，他們才會實現其目標。

下面哪一項如果正確，最能論證以上的預言？

A. 人們依靠有序運動得出的視覺暗示來發現空間聯繫。

B. 人們往往可以輕易發現物體之間的空間聯繫，即使這些物體處於運動狀態。

C. 發現物體之間的空間聯繫需要對光傳遞的資訊進行推理。

D. 雖然人們可以透過他們的聽覺來識別空間聯繫，但視覺通常是發現空間聯繫的最重要的工具。

【答案與解析】 A

由題幹中的「但是」之後的內容可以知道，移動的機器才能使科學家的目標實現。從這一點來看，可以知道人們發現空間聯繫的前提是物體處於運動的狀態。在四個選項中，A 項恰好表達的是這個意思，因此答案為 A。

老李說

會議上，老李率先發言，他說：「雖然大學入學人數已經逐年下降，但是小學入學人數卻成長了很多。所以，地方教育部門建議建一所新的小學。」

老劉說：「另一個解決辦法是把一些大學的教室用作小學教室。」

下列哪項最好地論證了老劉的方案？

A. 一些大學的教室不適合用作小學的教室。

B. 建一所大學的費用遠高於建一所小學。

C. 雖然出生率並未提高，但是有孩子在大學讀書的家庭數量卻增加了很多。

D. 即使在大學人數減少之前，就有很多大學的教室很少
被使用。

【答案與解析】D

論證老劉的方案即證明將大學教室用作小學教室是切實可行的。
在所提出的四個選項中，選項 A 明確表示大學教室不適合用作小學教
室，這是在反對老劉的方案，而非論證。選項 B 表達的內容與題幹無
直接關係，排除。選項 C 同樣與題幹無關，不選。選項 D 中說很多大
學教室很少被使用，即大學教室在閒置，所以將大學教室用作小學教
室是一個可行的辦法。故正確答案為 D。

換燈泡解決照明問題

高塔是一家占用幾棟辦公樓的公司，它考慮在它所有的辦
公樓內都安裝節能燈泡，這種新燈泡能與目前正在使用的傳統
燈泡發出同樣亮度的光，而所需的電量僅是傳統燈泡的一半。
這種新燈泡的壽命也大大加長。因此透過在傳統燈泡壞掉的時
候換上這種新燈泡，高塔可以大大地降低其總體照明成本。

下面哪項如果正確，最能論證上面論述？

A. 廣泛地採用這種新燈泡是非常有可能的，這使得新燈
泡的產量會大大增加，從而使其價格與那些傳統燈
泡相當。

B. 向高塔提供電力的公共事業公司向其最大的客戶們提
供折扣。

C. 高塔最近簽訂了一份合約，要再占用一棟小的辦公樓。

D. 高塔發起了一項運動，鼓勵其員工在每次離開房間時關燈。

【答案與解析】 A

要支援上面的結論，就需要證明使用這種新燈泡的確能夠達到降低總體照明成本的目的。從選項 A 的內容來看，新燈泡的價格並沒有高於傳統燈泡；又題幹表達了新燈泡能夠節能。由此看來，使用新燈泡可以降低照明成本。所以 A 項能夠論證上述結論，答案為 A。

拆鎖設備與盜竊案

L 國 10 年前放鬆了對銷售拆鎖設備的嚴格限制後，盜竊案發生率急劇上升。因為合法購置的拆鎖設備被用於大多數盜竊案，所以重新引入對銷售該設備的嚴格限制將有助於減少 L 國的盜竊案發生率。

下面哪一項如果正確，最有力地論證了以上論述？

A. L 國的總體犯罪率在過去 10 年中急劇增加了。

B. 對於重新引入對銷售拆鎖設備的嚴格限制在 L 國得到了廣泛的支援。

C. 在 L 國重新引入對銷售拆鎖設備的嚴格限制不會阻礙員警和其他公共安全機構對這種設備的合法使用。

D. 在 L 國使用的大多數拆鎖設備是易壞的並且通常會在購買幾年後損壞而無法修好。

第 10 章　論證

【答案與解析】 D

　　因為在 10 年前就放鬆了對銷售拆鎖設備的嚴格限制，所以已經有很多人購買了這種設備。如果這種設備不易損壞，使用壽命很強的話，那麼重新引進對銷售該設備的嚴格限制毫無意義可言。也就是說，只有在這種設備極易損壞，需要反覆購買的情況下，嚴格限制才能生效，才能達到減少盜竊案發生率的目的。而四個選項中，只有 D 項表達了這個意思，因此答案為 D 項。

SK3 與記憶力

　　科學家發現，一種名為「SK3」的蛋白質在不同年齡的實驗鼠腦部的含量與其記憶能力密切相關：老年實驗鼠腦部 SK3 蛋白質的含量較高，年輕實驗鼠含量較少；而老年實驗鼠的記憶力比年輕實驗鼠差。因此，科學家認為，腦部 SK3 蛋白質含量增加，會導致實驗鼠記憶力衰退。

　　以下哪項如果為真，最能論證科學家的結論？

　　A. 在年輕實驗鼠的腦部，也發現較高的 SK3 蛋白質含量。

　　B. 已經發現人類的腦部也含有 SK3 蛋白質。

　　C. 當科學家設法降低老年實驗鼠腦部 SK3 蛋白質的含量後，它們的記憶力出現了好轉。

　　D. 科學家已經弄清了 SK3 蛋白質的分子結構。

【答案與解析】 C

　　如果腦部 SK3 蛋白質含量增加會導致記憶力衰退，那麼當腦部 SK3 蛋白質含量減少時記憶力必定會提高。也就是說，這兩個結論是

同時成立的。因為科學家得出的是前一個結論，要論證科學家的結論，只需說明後一個結論成立即可。選項 C 說明了後一個結論是成立的，因此答案為 C。

少數民族和女性福利

　　美國製造者協會在極力保留能夠要求聯邦承包商設立雇用少數民族員工和女性員工的行政命令權力時聲稱：「員工多樣化有利於在管理、產品開發和市場行銷中產生新突破。」

　　如果以下哪項正確，將最大地加強上文所展示的協會的論斷？

A. 企業中，少數民族員工和女性員工的成長速度低於少數民族和女性組織的期望。

B. 少數民族員工和女性員工比例最高的企業是那些最有創造力和盈利最多的企業。

C. 少數民族員工和女性員工可支配收入的成長速度與全國整體可支配收入的成長速度相同。

D. 製造業銷售的最大成長來源於銷售最具創新性產品的行業。

【答案與解析】 B

　　選項 A 所表示的內容與「新突破」無關，所以排除。選項 B 中說的是雇用少數民族員工與女性員工能夠提高企業的創造力，從而使企業盈利更多，這些內容能夠達到加強協會論斷的目的，所以，答案為 B。C、D 兩項均為無關項，排除。

第 10 章　論證

故事

　　按照慣例，做完了趣味題，就該到故事時間了。是的，又到了我們的故事時間，讓我們一起在一個個小故事中鞏固我們的「論證」理論吧！

是誰讓殼牌石油當第一

　　在一家咖啡廳內，兩個身著筆挺西裝、打扮精幹的年輕人坐在一處靠角落的位置上。他們正在討論問題，神情嚴肅而又緊張。這兩個人分別是兩家石油公司的「情報員」。最近這兩家公司的石油銷量不佳，利潤額遠遠低於預定目標。而與此同時，一家名為殼牌的石油公司的銷量卻節節攀升。於是這兩家公司相約一同派人去刺探殼牌石油公司石油銷量不斷成長的原因。

　　都說商場如戰場，事實的確如此。經過這兩位情報員的一番刺探，得知殼牌石油公司連續三年在全球 500 家最大公司淨利潤總額排名中位列第一，其主要原因是該公司比其他公司有更多的國際業務。

　　當情報員將好不容易刺探而來的情報告知董事長後，董事長卻對這份情報持懷疑態度。情報員為了證明自己所得情報的真實性，找來了一些資料，這些資料反映了與殼牌公司規模相當、但國際業務少的石油公司的利潤，都比殼牌石油公司低。看了這些資料後，董事長相信了情報的真實性。情報員也因此

獲得了一筆不菲的報酬。

為什麼當董事長看到那份資料後，就相信了情報的真實性？如果殼牌公司是因為國際業務保證了利潤額，那麼與殼牌公司處於同一級別，但沒有國際業務的公司的利潤額必定不如殼牌公司。那份資料正是關於這個內容的，它有力地證明了情報的真實性。情報員正是利用了論證的邏輯思維證明了自己的結論。

防盜系統與文物保護

2011 年 5 月 9 日，像往常一樣，忙碌了一天的人們隨著夜色進入了夢鄉。靜謐的夜晚宣告了一天的結束。就在萬籟俱寂之時，有一個人鬼鬼祟祟地翻進了北京故宮。繼而他走進設有柵欄的各大宮殿內部，敲碎了遮蓋展品的玻璃罩，盜走了價值連城的文物。他以為神不知鬼不覺，殊不知從他翻牆而入的那一刻，防盜系統就已經記錄並報告了他的行為。

的確，1990 年以前，中國文物被盜情況嚴重，多所博物館也發生了多起文物被盜案件，丟失珍貴文物多件。1990 年以後，博物館都安裝了先進的多功能防盜系統，此類重大盜竊案顯著下降。這說明多功能防盜系統對於保護文物安全發揮了重要作用。

從這個故事顯示的資訊來看，因為博物館安裝了多功能防盜系統，重大盜竊案顯著下降，所以得出多功能防盜系統發揮了保護文物安全的作用。如果要使這個結論更具說服力，則要

第 10 章　論證

為其尋找一個論證條件。這個支援條件需要說明沒有安裝多功能防盜系統，盜竊案數量上升，即從反面證明結論的真實性。如果為其添加「從 1990 年代早期開始，私人收藏和小展館中發生的文物被盜案件明顯上升」這一條件，那麼將使得結論更具說服力。

想增加銷量？先把天窗打開

　　小馬和小劉兩人共同開了一家百貨商場。商場開業已經有幾個月了，但銷量卻遲遲不見上升。為了提高銷量，兩人絞盡腦汁，想出了各種促銷辦法，比如廣告推廣、打折出售、買一送一、送貨上門、購物抽獎等。儘管花樣百出，但銷量依然不見起色。就在他們一籌莫展之際，小馬無意間看到了一則關於百貨商場的新聞。

　　新聞的內容大致是，具有大型天窗的百貨商場的經驗表明，商場射入的陽光可增加銷量。某百貨商場的大型天窗可使商場的一半地方都有陽光射入，這樣可以降低人工照明的需要，而商場的另一半地方只有人工照明。從該店兩年前開張開始，天窗一邊的各部門的銷量要遠高於其他各部門的銷量。

　　看完這則新聞後，小馬深受啟發。於是小馬對小劉說：「我們也應該在商場中開一個大天窗，或許這比任何促銷辦法都管用。」小劉聽了之後，覺得新聞的結論不具有說服力，並不贊同小馬的觀點。為了說服小劉，執著的小馬找來了資料，證明在商場夜間開放的時間裡，位於商場天窗下面的各部門的銷量比

其他部門高。這份資料讓小劉信服口服地贊同了小馬的觀點。於是，商場的天窗被打開了。也正是因為如此，他們百貨商場的銷量大增，知名度也大大提高。

雖然其他百貨商場中天窗一邊各部門銷量遠遠領先是事實，但這有可能只是巧合，並不具有說服力。如果加上「夜間該商場天窗下面各部門的銷量比其他部門高」這一條件，就形成了一種對比的效果，使得結論更具有說服力。

喝了燕麥粥，你就變聰明了

小聰人如其名，從小就表現出了與眾不同的氣質。在同齡孩子還在學習注音時，小聰已經能熟練地背誦出唐詩三百首來了。自上學以來，小聰的成績一直遙遙領先。然而上次考考試，小聰居然跌到了全班第三名。這讓小聰的老師和父母感到十分意外，他自己一度還因此開始懷疑自己的智商。為了讓小聰重獲信心，重奪第一的寶座，小聰的母親買來了一大堆燕麥，因為喝燕麥粥能提高智商。

有一則廣告瘋狂播出，講的是一家大型穀物食品公司認為，受過教育越好的人，在他們還是孩子的時候，經常喝燕麥粥的可能性就越大。該公司引用了對全國大學畢業生的隨機調查報告來作為例證。報告顯示，在被調查的人中有 4/5 的人在他們年幼的時候每週至少喝一次燕麥粥。

小聰聽媽媽說了這則廣告的內容後，拒絕吃媽媽買來的燕麥。因為他認為廣告中的推論不夠嚴謹，所以不可信。他向媽

第 10 章　論證

媽解釋道:「即使上了大學,也不一定能獲得大學學位。除非證明在沒有取得大學學位的人中,在他們是孩子時經常喝燕麥粥的人所占比例不到 4/5 。否則,結論不具有說服力。」看來小聰上次考試沒考好完全是一次意外,因為他嚴謹的邏輯就很好地證明了他的智商不低。

玫瑰城修路

　　M 市因其種植了多種多樣的玫瑰而被冠名為玫瑰城。這些多種多樣的玫瑰吸引了不少遊客前來觀賞。大量遊客的到來,一方面促進了 M 市的經濟發展,另一方面也使得 M 市的道路遭到嚴重損壞。因此 M 市市政府對此召開了專題會議,會議決定花 100 萬美元修理道路。

　　玫瑰城需要 100 萬美元來修理所有的道路。在一年內完成這樣的修理之後,估計玫瑰城每年將因此避免支付大約 300 萬美元的賠償金。這筆賠償金歷年來一直作為因道路長年失修,而造成汽車損壞的汽車修理費。

　　M 市市政府將這個決定公示後,有民眾對此提出了質疑。因為民眾認為市政府關於修理道路能夠避免支付賠償金的決定不具有說服力。市政府方面聽了民眾的反映後,在公示中添加了一個前提條件,即該地的道路修理好之後,在近幾年內不會因道路原因對行駛車輛造成損壞。自此以後,沒有民眾再來反映這個公示不合理了。

　　因為添加這個條件後,達到了從正反兩方面證明這個結論

的效果，使得論證嚴謹，邏輯嚴密，具有說服力。

賽車安全性

賽車比賽是一項刺激而又令人興奮的活動。這項刺激的活動的潛在危險也不容小覷，不少有經驗的賽車手最終命喪賽道就是證明。因此，賽車的安全性一直以來都是備受關注的話題。如何提高賽車的安全性是賽車行業各界人士一直在研究的問題。隨著技術的發展和研究的深入，賽車的安全性有所提高。

自 1965 年到 1980 年，印第安那賽車比賽中賽車手的平均年齡和賽車經歷逐年成長。這一成長原因是賽車手比他們的前輩們活得長久了。賽車的安全性削弱了以前能奪走賽車手生命的衝撞的嚴重性，它們是印第安那賽車比賽中賽車手平均年齡成長的根本原因。

這個論證出來之後，有人對這個結論提出了質疑。如果在 1965 年之前，賽道上重大事故發生機率偏高，而在 1965 年之後，賽道上事故發生機率大大降低，那麼論證中的結論就不能成立，即不能說明是因為賽車安全性的提高引起賽車手的平均年齡成長。如果要使這一結論成立，那麼就需為其添加一個論證條件，即 1965 年之前和之後，賽道上重大事故發生機率相同。

疾病發生率

小健本是一個活潑好動的高中生，他的愛好是打籃球，夢

第10章　論證

想就是有一天能夠成為一位像喬丹那樣的籃球員。就在他為了自己的夢想努力之際，噩耗傳來了 ——　小健被查出患有肌肉非自願性收縮。

堅強的小健也難以承受得了這個打擊，一度絕望到了極點。據醫生解釋說，親生父母雙方都患此病的孩子，患病的機率是親生父母都沒有患病的孩子的 4 倍。所以，患病傾向可能是一項遺傳特性。

其實，醫生的這個推斷不夠嚴謹。如果後天環境改變，患病的可能性也隨之改變的話，醫生的結論就被推翻了。因此，要使醫生的結論真實可信，還需為其加上一個論證條件，即親生父母患病的孩子無論是由親生父母帶大還是由未患病的養父母帶大，其患病的可能性是相同的。

催產素與奶牛

一戶長期購買食用荷蘭奶牛乳製品的家庭，將荷蘭奶牛乳製品加工廠告上了法庭。法院受理了此案，並且公開審理。在法庭上，原告稱因為看到荷蘭奶牛乳製品加工廠在宣傳時聲稱他們的乳製品絕不含任何有害添加劑，才選擇了該產品，結果一家人卻因為長期食用了這種乳製品都患病，原告還將長期消費這種乳製品的消費憑證展示給法官看。

荷蘭奶牛乳製品加工廠代表對此予以否認，其代表說：「我們的眾多消費者中，只有你們表示食用我廠的乳製品後身體出現了問題。這很難說明你們不是食用了其他東西導致身體出現

問題。」

　　針對荷蘭奶牛乳製品加工廠不承認的態度，原告呈上了證明資料，資料上顯示：近年來，專家呼籲禁止在動物飼料中添加作為催產素的聯苯化合物，因為這種物質對人體有害。近十多年來，人們發現許多牧民飼養的荷蘭奶牛的飼料中有聯苯化合物殘留物。原告又補充道：「並且據相關統計，近兩年來，荷蘭奶牛乳製品消費者中膀胱癌的發病率特別高。」

　　聽了這話，代表已經無話可說了。法官也因此判決被告承擔原告一家人所有的醫藥費，賠償原告健康費、康復費、精神損失費、誤工費等一系列費用，並責令被告停業整頓，禁止其再使用聯苯化合物。

轎車追尾

　　行人較多的馬路上發生了一起交通事故。從事故現場來看，是兩輛轎車追尾了。所幸的是，事故並未造成人員傷亡。記者仔細觀察兩輛車的車牌發現，被追尾的車的車牌號是 0544（動我試試），而追尾的那輛車的車牌號是 4944（試就試試）。記者就此對追尾司機進行了採訪，司機說：「是的，就是因為他那車牌號激怒了我。要知道，我這款車號稱鋼鐵人。」這時，被追尾的司機說：「事實證明，鋼鐵人也不過如此，還是我的飛鳥品質好。」

　　原來他們兩人的車都出自飛馳汽車製造公司，並且這兩款車是飛馳同時推出的兩款春季小型轎車。兩款車以其新穎的造

第 10 章 　 論證

型受到購車族的歡迎。兩款車銷售時都帶有轎車安全性能和出現一般問題時的處理說明書以及使用轎車一年後情況回饋表。飛鳥轎車購車族的 56% 同時購買了轎車保險，銳進轎車購車族的 82% 同時購買了轎車保險。一年後，銳進轎車出現問題的回饋表是飛鳥轎車出現問題的回饋表的 4 倍。由此可見，銳進轎車的品質比飛鳥轎車的品質差，銳進轎車的購車者同時購買轎車保險的數量比飛鳥轎車多是有一定的道理的。

如果購買飛鳥轎車的人遠遠低於購買銳進轎車的人，那麼以上結論就被推翻。要證明以上結論，還需為其添加一個論證條件，即購買飛鳥轎車的人是購買銳進轎車的兩倍。只有當購買飛鳥轎車的人比購買銳進轎車的人多，同時飛鳥轎車的回饋表比銳進轎車的少時，才能說明飛鳥轎車的品質比銳進轎車好。

城塌了，與地震有關嗎

平時只有行人路過的馬路上突然出現了很多小動物，有蛇、老鼠，還有螞蟻，牠們急急忙忙，似乎要趕往另一個地方。老鷹看見了這一幕很不解，便俯身向蛇詢問：「你們這是要去哪呢？」蛇抬頭望了一眼老鷹，匆匆說道：「趕緊逃命吧，這裡馬上就要發生地震了。」

地震的破壞力是無窮的。在賽普勒斯的一個古城蒙科雲發掘了城市的殘骸，這一殘骸呈現出被地震損壞的典型特徵。考古學家猜想，該城被破壞是這個地區西元 365 年的一次地震所致。

僅僅憑一殘骸就斷定地震發生在西元 365 年，這無疑是沒有說服力的。因此，還需為其加上一個論證條件。如果加上「在蒙科雲城廢墟裡沒有發現在西元 365 年以後的鑄幣，但是卻有西元 365 年以前的鑄幣」這一條件，以上結論就極具說服力了。

開車不喝酒，喝酒不開車

一名司機因為及時歸還乘客遺落下來的貴重物品，受到了乘客以及市政府的一致好評。這名司機也因此心情大好，於是約了幾位好友一同喝酒慶祝。喝完酒後，這幾名司機各自駕車離去。他們沒想到的是，在半路上遇到了交警臨檢。結果可想而知，這名剛剛受到嘉獎的司機被拘留了。

針對如何判斷一名司機是否酒駕的問題，有人說，當一名司機被懷疑飲用了過多的酒精時，檢驗該司機走直線的能力與檢驗該司機血液中的酒精濃度相比，是檢驗該司機是不是酒駕的一個更可靠的指標。

其實這種說法並不可信。要使得這種方法具有說服力，還需說明由於基因的不同和對酒精的抵抗能力的差別，一些人在高的血液中酒精含量濃度時所受的運動肌肉損傷比另一些人要多。

肺結核發病率下降的原因

調查表明，最近幾年來，成年人中的肺結核病例逐年減少。但是醫生強調說，並不能因為這個調查結論就對肺結核的

第 10 章　論證

預防掉以輕心，以此還不能得出肺結核發病率逐年下降的結論。

　　民眾對此很不解。醫生解釋說：「因為近年來未成年人中的肺結核病例明顯地增加。」

　　如果僅僅只有成年人中的肺結核病例減少，而未成年人中的肺結核病例處於一個增加的狀態，顯然不能得出肺結核發病率下降的結論。由此可以看出，醫生的解釋實際上是論證了自己的結論，讓自己的結論更具有說服力。

第 11 章

削弱

第 11 章　削弱

　　當你與別人交談處於下風時，是不是很不舒服呢？如果不舒服就對了，換我我也會不舒服。其實這種局面是完全可以改變的。如果你能夠又快又準地找到對方推論的漏洞，或是能夠一針見血地找出一個能夠削弱對方觀點的條件，那麼你將轉變局勢，反敗為勝。在這一章中將要詳細地告訴大家如何削弱別人的觀點，扭轉乾坤。

一分鐘讀懂削弱

　　削弱（weaken）是一個與論證相對應的概念。簡單來說，削弱即反對。也就是指為了有力反對對方的推論或結論，而為其添加一個前提條件，以證明對方的推論或結論不成立。

　　例如，有一位演藝界明星受到逃漏稅的控告時，她為自己辯護說：「多年來，我已經繳納了上百萬元的個人所得稅，比我表妹所在的國營機械廠所繳的稅還要多。難道這也是罪過嗎？」

　　法官對此回應說：「一個人繳稅總額的多少，並不能證明她在每一項收入上都繳納了應繳的稅額。」

　　法官的回應就有力地削弱了這位明星的推論。也就是說，明星的辯護在法官指出的這一前提條件下是不成立的。

最強削弱

　　所謂最強削弱，即找出一個前提條件，以此說明結論一定

不成立。

例如，某網友說：「幾乎沒有人會支持損害他們利益的提案。然而據報導，在歷時 17 天的『我為公共交通價格改革建言獻策』活動中，參與活動的市民多數贊同上調公車票價。讓大家多掏錢按讚，這個結果一定是假造的。」

針對這位網友的結論，有人解釋說：「只有對公共交通價格改革感興趣的人才參與活動，統計結果僅僅反映了這一部分人的意見。」

顯然，這個解釋證明了網友的結論是錯誤的，是一定不成立的。因此可以說這個條件對網友的結論有最強削弱作用。

削弱變形

削弱變形是指這種削弱不是直接否定結論，而是否定推論中的條件、論據、觀點等。

例如，傳統看法認為，《周易》八卦和六十四卦卦名的由來或是取象說，或是取義說，不存在其他的解釋。取象說認為，八卦以某種物象的名來命名，比如乾卦之象為天，乾即吉時的天字，故取名為乾；取義說認為，卦象代表事物之理，取其義理作為一卦之名，比如坤卦之象純陰，陰主柔順，故此卦名為坤，坤即柔順之義。

有專家指出，卦名出自卦辭記述的所占之事，坤卦占問的是失馬之事，當初筮得象，認為牝馬馴良可以找到，便取名為坤。

　　由此可以知道，專家的話削弱了傳統看法中關於坤卦的來源。換句話說，專家的話削弱了傳統觀念。

趣味題

　　透過對削弱概念的閱讀，大家已經大致明白了削弱到底是怎麼一回事。所謂學以致用，接下來就讓我們進入趣味題篇吧！

家庭主婦有多少

　　調查表明，一年中任何月分，18 ～ 65 歲的女性中都有 52% 在家庭以外工作。因此，18 ～ 65 歲的女性中有 48% 是全年不在外工作的家庭主婦。

　　以下哪項如果為真，則最嚴重地削弱了上述論證？

　　A. 現在離家工作的女性比歷史上的任何時期都多。

　　B. 儘管在每個月中參與調查的女性人數都不多，但是這些樣本有很好的代表性。

　　C. 調查表明將承擔一份有薪工作為優先考慮的女性比以往任何時候都多。

　　D. 不管男性還是女性，都有許多人經常進出勞動力市場。

【答案與解析】D

　　亞洲自古以來講究男主外、女主內。以前女性想出去工作，無奈被這種「女主內」的思想束縛。如今，女性們回歸家庭，又被說成了

沒有工作的家庭主婦。所以，做一個女人真的不容易。當然，以上論證也不是無懈可擊的，選項 D 的內容就有力地削弱了上述論證。

一場足球比賽

在足球聯賽的多輪比賽中，參賽的青年足球隊先後有 6 個前鋒，7 個後衛，5 個中衛，2 個守門員。比賽規則規定：在任一場比賽中同一個球員不允許改變位置身分，當然也不允許有一個以上的位置身分；同時，在任一場比賽中，任一球員必須比賽到終場，除非受傷。由此可得出結論，聯賽中青年足球隊上場的球員共有 20 名。

以下哪項為真，能削弱以上結論？

A. 比賽中若有球員受傷，可由其他球員替補。

B. 在全國足球聯賽中，青年足球隊中有些球員在各場球賽中都沒有上場。

C. 青年足球隊中有些隊員同時是國家隊隊員。

D. 青年足球隊的某個球員可能在不同的比賽中處於不同的位置。

【答案與解析】D

以上結論即上場的球員共有 20 名。因為這個結論是在球員位置身分確定不變的情況下得出，所以要使這個結論被削弱，只需說明球員的位置身分發生了改變即可。而選項 D 的內容恰好表達這個意思。

第 11 章　削弱

外科手術

有些外科手術需要一種特殊類型的線帶，使外科傷口能縫合十天，這是外科傷口需要的最長時間。T 形帶是這種線帶的一個新品種。T 形帶的銷售人員聲稱 T 形帶將會提高治療功效，因為 T 形帶的黏附時間是目前使用的線帶的兩倍。

以下哪項如果成立，最能說明 T 形帶銷售人員所做聲明中有漏洞？

A. 大多數外科傷口癒合大約需要十天。

B. 大多數外科線帶是從醫院而不是從藥店得到的。

C. 目前使用的線帶的黏性足夠使傷口縫合十天。

D. 現在還不清楚究竟是 T 形帶還是目前使用的線帶更有利於皮膚的癒合。

【答案與解析】 C

要說明銷售人員聲明中有漏洞，即削弱他的結論。題幹中說外科傷口縫合需要達到十天，也就是說，線帶的黏附時間在十天左右是最佳的，治療功效最好。由此看來，C 項表述的內容最能削弱銷售人員的聲明。

華碩電腦有沒有降價

市場調查表明，在價格戰中，名牌電腦的降價幅度不超過 10%。所以華碩電腦的降價幅度也不超過 10%。

以下哪項最能推翻以上結論？

A. 去年華碩電腦沒有降價。

B. 許多電腦的降價幅度超過 10%。

C. 華碩電腦不是名牌電腦。

D. 華碩電腦的市場占有率提高了 10%。

【答案與解析】C

以上結論由名牌電腦降價 10% 推出，即推理者假設了華碩電腦是名牌電腦。要推翻這個結論，只需說明華碩電腦不是名牌電腦即可，所以答案為 C。

蝦是怎麼發現食物的

有一種類型的蝦習慣性地徘徊在超高熱的深海噴泉附近，而在附近構成蝦食物的細菌能夠被發現，是因為噴泉發出微弱的光，科學家得出結論：蝦透過對光敏感的背部斑塊來定位噴泉從而發現食物。

下面哪一個如果正確，最能反對科學家的結論？

A. 噴泉發出的光並不是蝦敏感的光。

B. 噴泉發出的光太微弱了，以至於人眼看不見。

C. 噴泉內部的溫度足以迅速殺死任何進入其中的細菌。

D. 許多蝦用位於眼柄末端的眼睛來觀察。

【答案與解析】A

很顯然，由題幹可以知道，如果噴泉發出的光不能被蝦感受到，那麼牠就無法透過其來定位，也就無法發現食物。所以，當選項 A 正

第 11 章　削弱

確時，科學家的結論無法成立。

廣告與銷量

　　近年來，L 牌化妝品的銷量有了明顯成長。同時，該品牌用於廣告的費用也有同樣明顯的成長。業內人士認為，L 牌化妝品銷量的成長，得益於其廣告的促銷作用。

　　以下哪項如果為真，最能削弱上述結論？

　　A. L 牌化妝品的廣告費用並不多於其他化妝品。

　　B. L 牌化妝品的購買者中，很少有人注意到該品牌的廣告。

　　C. 注意到 L 牌化妝品廣告的人中，很少有人購買該產品。

　　D. 消基會收到的對 L 牌化妝品的品質投訴多於其他化妝品。

【答案與解析】C

　　削弱此題中的結論，即說明廣告並沒有提高該化妝品的銷量。按照這種邏輯，選項 C 是符合要求的。

該遠離網路遊戲嗎？

　　最近，某國宣布網路遊戲防範沉迷系統及一系列法規將正式實施，未成年人玩網路遊戲超過 5 小時，經驗值和收益將計為零。這一方案的實施，將有效地防止未成年人沉迷於網路遊戲。

　　以下哪項說法如果正確，能夠最有力地削弱上述結論？

A.「網路遊戲防範沉迷系統」的推出，意味著未成年人玩網路遊戲得到了主管部門的允許，從而可以從祕密走向公開。

B. 除網路遊戲外，還有單機遊戲、電視機上玩的遊戲等，「網路遊戲防範沉迷系統」可能會使很多未成年人轉向這些遊戲。

C. 許多未成年人只是偶爾玩玩網路遊戲，「網路遊戲防範沉迷系統」對他們並無作用。

D.「網路遊戲防範沉迷系統」對成年人無法發揮作用，未成年人有可能冒用成年人身分或利用網上一些生成假身分證號碼的工具登錄網路遊戲。

【答案與解析】D

從題幹中可以清楚地知道，這套系統主要針對的使用者群體為未成年人。如果未成年人冒用身分或隱瞞真實身分，那麼這套系統就不能發揮預期作用，以上結論也就無法成立。因此，當選項 D 的說法正確時，以上結論被削弱。

商場經理可不可以將玩具移入超市

商場經理為減少店員的麻煩和方便顧客，把兒童小玩具從營業專櫃移入超市，讓顧客自選。以下哪項為真，商場經理的做法會導致銷量下跌？

A. 兒童小玩具品種多，占地並不多。

B. 兒童和家長是在店員的演示下產生對小玩具的興趣。

C. 兒童小玩具能啟發兒童的智力，一直暢銷。

D. 兒童不易看懂玩具的說明書。

【答案與解析】 B

通常情況下，當顧客對某一商品有極大興趣時，他們往往會更快地下單購買。所以，如果選項 B 的說法為真時，商場經理的做法無疑會導致銷量下跌。

獵狗趕雞

某鄉間公路附近經常有雞聚集。雞群對這條公路上高速行駛的汽車的安全造成了威脅。為了解決這個問題，當地交通部門計畫購入一群獵狗來驅趕雞群。

以下哪項如果為真，最能對上述計畫構成質疑？

A. 出沒於公路邊的成群獵狗會對交通安全構成威脅。

B. 獵狗在驅趕雞群時可能傷害雞群。

C. 獵狗需要經過特殊訓練才能夠驅趕雞群。

D. 獵狗可能會有疫病，有必要進行定期檢疫。

【答案與解析】 A

要購入獵狗來驅趕雞群，是因為雞群在公路附近出沒，給高速行駛的汽車造成了安全威脅。如果獵狗同樣也會對交通安全構成威脅，那麼這個「獵狗趕雞」計畫毫無意義可言。由此看來，答案為 A。

大學的專利費應該怎麼花

新的法律規定，由政府資助的大學研究成果的專利將歸學

校所有。大學的管理者計畫賣掉他們所有的專利給企業，以此
來獲得獎金，改善該校大學生的教育條件。

以下哪項如果為真，將對學校管理者計畫的可行性構成嚴
重質疑？

A. 對學校專利感興趣的盈利企業有可能對大學的研究計畫
　提供贊助。

B. 在新的稅法中，對大學研究提供贊助的可以減免一部分
　稅收。

C. 在大學從事研究的科學家幾乎完全不涉足大學生教育。

D. 由政府資助的設在大學的研究機構的專利已經被一些企
　自行研發成功。

【答案與解析】 D

學校管理者會有這樣一個計畫，是因為有企業願意購買，有市場
存在。如果沒有企業來購買這些專利，那麼學校管理者的這個計畫就
無法實施。所以，當選項 D 為真時，將對這個計畫的可行性構成嚴
重質疑。

溜冰與成績

一項調查表明，師大附中的學生對溜冰的著迷程度遠遠超
過其他任何運動，同時調查發現經常溜冰的學生的平均成績相
對其他學生更好。看來，溜冰可以提高學生的成績。

以下哪項如果為真，最能削弱上面的結論？

A. 師大附中與學生家長簽訂了協議，如果孩子沒有排在前

二十名，雙方共同禁止學生溜冰。

B. 溜冰能夠鍛鍊身體，保證讀書效率的提高。

C. 溜冰的學生受到了學校有效的指導，其中一部分學生才不至於因此荒廢學業。

D. 溜冰有助於智力開發，從而提高成績。

【答案與解析】 A

要使題幹中的推論被削弱，只需要找出一個條件來證明前提與結論之間沒有必然關係即可。如果在題幹中加入 A 項的內容作為前提，那麼說明經常溜冰的學生本來就是好學生，結論不具有說服力。也就是說，添加 A 項的內容能夠達到削弱結論的作用，所以選 A。

故事

相信一系列的趣味題已經極大地引起了大家的閱讀興趣。那麼我們就趁熱打鐵，接下來再借助一些小故事來加深大家對削弱的理解和應用。

金融危機

小劉最近完成了一個大專案，為公司創造了很大的經濟效益。公司為小劉安排了一次出國旅遊作為獎勵。小劉懷著激動的心情開始了公司安排的美國之旅。到了美國後，小劉發現有不少美國人聚集在街道上，在他們的身邊則無一例外地立著一塊求職牌。除此之外，餐廳內、商場內行人稀少。總而言之，

處處給人一種蕭條的感覺，而這一切都是因為受到金融危機的影響。

1997 年開始的亞洲金融危機中，亞洲各國中金融市場開放程度比較高的韓國、印尼、泰國等都飽受貨幣貶值、經濟衰退之苦。看來，金融市場還是應該自成體系、封閉運行為好。

顯然，以上結論是不正確的。想當年，清朝泱泱大國，因為閉關鎖國，最終落得被眾列強瓜分的地步。但是這整個推理過程有理有據，讓人難以找到破綻。要削弱以上結論，還需為其添加一個前提條件。「如果不開放金融市場，金融體系無法走向成熟和完善，躲過了亞洲金融危機，也躲不過世界金融危機」這一條件的添加，顯然說明了封閉運行經濟是不可行的。

無經驗的工人易受傷

T 建築公司向來以零事故著稱。也正是因為這一點，T 發展得很順利，勢不可擋。最近 T 又接到了好幾個專案，而 T 原有的工人已經無法滿足需要。於是，T 臨時雇用了一批工人。令 T 沒有想到的是，這幾個專案開工以來，事故頻出。T 管理者高度重視此事，仔細分析了這些事故的原因，發現原來是臨時工人缺乏工作經驗所致。

據專家稱，對建築和製造公司中工作場所安全的研究發現，當工作負荷增加時，受傷率上升。因為在工作負荷增加時，無經驗的工人經常被雇用。受傷率的增加無疑歸因於工人的無經驗。

第 11 章　削弱

　　其實這個結論並不具有說服力，因為當工作負荷增加時，工人的壓力也隨之增加，這也有可能導致受傷率增加。為了反駁以上結論，可以為其添加如下條件，即工作負荷上升時，工人有經驗，受傷率也會增加。

一國需求大，全球跟著漲

　　近幾年來，西方輿論界流行一種論調——來自中國的巨大需求造成了石油、糧食、鋼鐵等原材料價格暴漲。然而事實來自中國的需求仍在成長，但國際市場的石油價格重挫近三分之一。

　　中國的需求雖然十分巨大，但中國已經提高了各種資源的利用率，且中國漸漸達到了自給自足的狀態，西方輿論界的論調缺乏邏輯支援。

夜路走多碰到鬼

　　一間辦公室內，員工們正在埋頭工作。突然兩位身著警服的人出現在辦公室內，他們的出現打破了往常的寧靜。在大家還沒明白到底發生了什麼時，公司的財務被員警帶走了。

　　於是員工小艾說：「夜路走多碰到鬼。做財務工作的，都免不了有或多或少的經濟問題，特別是在當前商品經濟大潮下，更是如此。」

　　聽了小艾的話，小米表示很不贊同。於是小米反駁說：「我老公是一家投資信託公司的會計，經管財務二十年，拒受賄

賂，一塵不染，多次受到表彰。」小米的話無疑給了小艾重重一擊，有力反駁了小艾的觀點。的確，任何事情都不能以偏概全。雖然商品經濟大潮使得很多人迷失了自我，但這並不能否認還是有一部分人始終保持初心。

令人恐懼的動物

蝙蝠是一種夜行動物，雷達定位系統正是根據蝙蝠設計出來的。然而也正是因為蝙蝠晝伏夜出，給人類造成了恐懼感。

美國的一個動物保護組織一直盡力改變蝙蝠長期以來「令人恐懼的動物」的形象。該組織辯解說，僅僅因為蝙蝠是只在夜間活動的「害羞」的動物，所以蝙蝠令人恐懼並受到了迫害。

不得不說，美國這一動物保護組織的辯解缺乏說服力。浣熊和貓頭鷹也是「害羞」的動物，也僅僅在夜間活動，但牠們通常不為人類所恐懼和迫害。不僅如此，浣熊還是人們非常喜歡的一種動物。所以蝙蝠讓人類感到恐懼、並遭到迫害，肯定是有其他原因的。

多運動，少得病

入冬以來，小鑫一直處於生病的狀態。感冒、發燒、流鼻涕輪番上陣，打針吃藥也不見好轉。這讓小鑫很苦惱，因為身體不舒服讓她的念書效率也大大下降。小鑫的同班同學兼好朋友小雪，卻一次也沒有生病過。原因就在於，小鑫不愛運動，而小雪是一個運動達人。

第 11 章　削弱

　　為了瞭解運動與健康的關係，M 市健康協會做了一項調查。調查結果表明，有做跆拳道運動的人，通常比不做跆拳道運動的人身體更健康。因此，該健康協會得出結論，跆拳道運動有助於增進健康。

　　小雪為了說服小鑫跟自己一起運動，拿出了這份調查報告給小鑫看。小鑫看後說：「只有身體健康的人才參加跆拳道運動。」小鑫的這番話無疑推翻了健康協會的結論。從此以後，小鑫更加排斥運動了。

導致肥胖的真正原因

　　慧慧放學回到家中，放下書包就跟媽媽哭訴：「媽媽，學校的同學們都叫我胖子，他們還說我很醜。我很討厭他們，我不想去上學了，也不想再跟他們玩了。」媽媽聽了感到很震驚。慧慧屬於天生偏胖的體型，媽媽不是沒有想過要讓慧慧減肥，但是考慮到慧慧還是一個小孩子，健康更重要，所以遲遲沒有為慧慧制訂減肥計畫。

　　經過這件事情後，媽媽下定決心要為慧慧制訂一個健康的減肥計畫。於是媽媽去找專家諮詢，專家建議慧慧透過運動來減肥。專家表示一項調查統計顯示，肥胖者參加體育鍛鍊的月平均量只占正常體重者的不到一半，而肥胖者的食物攝入的月平均量基本和正常體重者持平。專家也由此得出結論，導致肥胖的主要原因是缺乏鍛鍊，而不是攝入過多的熱量。

　　但是慧慧的媽媽否定了專家的結論。媽媽認為，肥胖者由

於體重的負擔，比正常體重者比較不樂意參加體育鍛鍊。看來慧慧的減肥大計還是得由媽媽親自制訂。

暴力內容與行為

青少年犯罪率不斷升高，引起了社會學家的廣泛關注。為了研究青少年犯罪的原因，一位社會學家對兩組青少年做了研究。第一組每週看暴力影視的時間平均不少於 10 小時，第二組則不多於 2 小時。結果發現，第一組中舉止粗魯者所占的比例要遠高於第二組。因此，此項研究認為，多看暴力影視容易導致青少年舉止粗魯。

然而這位社會學家的結論並不具有說服力。不排除一種情況就是，第一組中很多青少年舉止粗魯是從小養成的，這使得他們特別愛看暴力內容的影視。所以，要減少青少年的暴力行為，需要父母、老師、社會三方同時發力。

鱈魚數量減少是不是海豹的「功勞」

鱈魚和海豹雖然分別屬於兩個不同的種群，但牠們依然是好朋友，在北大西洋海域和平共處。

幸福總是結束得太突然，忽然之間北大西洋海域的鱈魚數量大大減少，但海豹的數量卻由原來的 150 萬隻增加到 250 萬隻左右。有人認為是海豹的增加導致了鱈魚的減少。事實上海豹卻很少以鱈魚為食。所以，不可能是海豹數量的大量增加，導致了鱈魚數量的顯著下降。那麼到底是什麼原因導致鱈魚數

量減少呢？

　　動物保護協會的工作人員經過一番研究，發現鱈魚幾乎只吃毛鱗魚，而這種魚也是海豹的主要食物。由此看來，是因為海豹數量增加，搶食了鱈魚的食物，導致鱈魚數量減少。所以，歸根結底還是海豹的數量增加，導致了鱈魚數量減少。此時的鱈魚一定想對海豹說：「說好了一起減肥，你卻搶走了我的食物！」

冬冬體重下降的原因

　　冬冬已經升入高三。高三學子難以承受的生命之重，是即將面臨的學測所帶來的巨大壓力。冬冬以前並不認可這一說法，而現在冬冬對這一切深有體會。學測的壓力使得冬冬的體重不斷下降。

　　對於這一切，冬冬的母親看在眼裡，痛在心裡。冬冬的母親對冬冬的父親說：「這學期冬冬的體重明顯下降，我看這是因為學測壓力太大了。」

　　冬冬的父親回答道：「冬冬體重下降和學測沒有關係。醫生說冬冬營養不良，我看這是冬冬體重下降的原因。」

　　冬冬的母親很不贊同冬冬的父親的話。她接著說：「學測壓力過大，會引起消化紊亂，妨礙營養的正常吸收。」由此看來，知子莫若母，冬冬體重下降的原因就是學測壓力過大。

過度統治與義務教育

　　學校教育向來得到全社會的認可，無數的實踐也證明了學校教育是一種高效的教育方式。但是學校教育是一種集體性行為，這就不可避免地會忽視一些孩子的個性。所以，有人對學校教育提出了質疑。他們認為應該讓孩子回歸家庭，由他們的父母親自教育。

　　可以說，這種現象是義務教育被診斷為過分統治社會的弊病。這種弊病否認了父母對其孩子所接受教育的控制，曾經被父母擁有的權力移到了專職的教育者身上。由於學校的集中化和官僚化，這種弊病加重了。

　　這個論斷過於武斷，缺乏說服力。事實上，由於社區壓力的結果，越來越多的學校管理人員遵循了父母的建議。

誰殺死了地主的農作物

　　地主家種植了一大片農作物，有小麥、玉米、高粱等。地主對這些農作物非常用心，可以說地主對這些農作物的關切之情絕不亞於對自己孩子的關切之情。用地主的話來說，這些農作物其實就是白花花的銀子。可是，就在這些農作物進入生長的關鍵期時，卻紛紛死掉了。這對地主來說，無疑是一個晴天霹靂。地主經過一番查探，找到了罪魁禍首——附近的煉鋁廠。

　　地主找到煉鋁廠的負責人，說：「建在我土地旁邊龐大的煉

第 11 章　削弱

鋁廠造成的空氣污染殺死了我的農作物。你們必須進行賠償。」
煉鋁廠的負責人說：「不應該怪罪煉鋁廠。因為我們的研究表明，損害是由於昆蟲和細菌造成的。」地主早就料到煉鋁廠不會承認，所以他有備而來，地主接著說：「煉鋁廠造成的空氣污染改變了農作物所處環境的化學平衡，使得有害的昆蟲和細菌得以存活。」

　　地主說完這番話後，煉鋁廠的負責人不得不為自己的不負責任的言行付出代價，與此同時他不得不讚嘆這位地主的睿智。這位地主以嚴謹的邏輯思維成功反駁了煉鋁廠的負責人，維護了自己的利益。

第 12 章
評價

第 12 章　評價

　　世界上沒有絕對正確的事物，邏輯推理也不例外。一個嚴謹的邏輯推理自然能夠得到認可與贊同。同樣，缺乏邏輯的推理也會遭到批判。不管是認同還是批判，其實都是對邏輯推理的評價（appraisal），而對邏輯推理的評價又體現了嚴謹的邏輯思辨能力。對邏輯推理的評價可以從「是否假設」、「有無他因」、「對比評價」這幾個角度展開。

一分鐘讀懂評價

　　評價即對一事物發揮一個點評的作用。在邏輯學中，如果一個條件能夠對整個推論同時發揮加強或削弱的作用，那麼這個條件就是一個評價。從這一點來說，評價是支持與削弱的綜合。

是否假設

　　在邏輯推理中，往往有些推論包含著隱藏假設。評價這個推論主要就是針對其隱藏假設展開，其具體做法通常是評價這個隱藏假設在整個推理中「是否可行」。這種評價就叫作是否假設評價。

有無他因

　　有時候在邏輯推理中會涉及關於調查結論的推理。這種情況下往往會衍生出關於這個調查結論是不是唯一解釋調查現象的原因的提問，即評價這種調查現象是否有可能是其他原因導

致。這就是有無他因的評價。

對比評價

　　所謂對比評價，即為評價尋找一個比較的標準，透過與這個標準的比較，從而證明評價是有效的。

趣味題

　　關於評價的理論概念已經解釋完畢，下面大家進入趣味題環節，學以致用！

維生素 B 攝入分析

　　隨著年齡的成長，人們每天對卡路里的需求量日趨減少，而對維生素 B 的需求量卻逐漸增加。除非老年人攝入維生素 B 作為補充，或者相較於他們年輕時多吃些含更多維生素 B 的食物，否則，他們不太可能獲得所需要的維生素 B。

　　對以下哪項問題的回答，最有助於評價上述論證？

　　A. 大多數人在年輕時的飲食所含維生素 B 的量，是否遠超出他們當時每天所需的量？

　　B. 強化食品中的維生素 B，是否比日常飲食中的維生素 B 更容易被身體吸收？

　　C. 每天需要減少的卡路里的量，是否比每天需要增加的維生素 B 的量更大？

　　D. 老年人每天未獲得足夠的維生素 B 的後果，是否比年輕

人更嚴重？

【答案與解析】 A

　　從概念解釋中可以知道，有效評價即能同時滿足支持和削弱的作用。因此，要評價這個論述，即需要評價老年人在年輕時攝入的維生素 B 的含量是否夠多。如果老年人在年輕時攝入的維生素 B 的含量超過每天所需，那麼以上論證則被削弱，反之，以上論證則得到了支持。

醫生睡眠不足導致醫療事故

　　眾所皆知，睡眠不足常常會引起工作事故。許多醫生經常連續 24 小時或更長時間不睡覺，但是在常規檢查中，這些醫生很少會被診斷為睡眠不足。因此我們沒有理由擔心習慣性睡眠不足會導致廣泛的醫療事故。

　　對下列哪個問題的回答最有助於評價上面的論述？

A. 診斷為睡眠不足的醫生，是否同時也表現出其他與睡眠無關的疾病徵兆？

B. 醫生習慣性睡眠不足，是否會嚴重減弱他判斷他人睡眠不足徵兆的能力？

C. 是否除了習慣性睡眠不足之外，還有其他的醫生本身的因素而導致醫療事故？

D. 在最近接受治療的人當中，相信醫生有時受睡眠不足之苦的人占多大比例？

【答案與解析】 B

顯然在這個推論中隱含了一種假設，即醫生習慣性睡眠不足會減弱他判斷他人是否睡眠不足的能力。所以，要對這個推論形成一個有效評價，就需要對這個隱含條件進行「是否假設」。由此可以得出，答案為 B。

保存檔案

門涅思公司的檔案紀錄被保存成一種只有透過其現在的作業系統才能進入的格式。這樣當系統不能運行時，就得不到這些紀錄。為了防止因作業系統失靈而不能取得它們的紀錄的可能，門涅思公司計劃用一個新系統取代現在的作業系統，該新系統保存紀錄的格式可以進入幾個不同的系統。

下面哪個問題的答案，對評價該計畫作為保證取得檔案紀錄的方法是最有利的？

A. 新的作業系統是否比現在的作業系統要求更少的操作人員？

B. 門涅思公司是否經常以電腦化的形式來保存其檔案紀錄？

C. 門涅思公司計劃的新作業系統能否保證，保存記錄比現在的作業系統有更大的安全性？

D. 門涅思公司現在所有的檔案紀錄，能否立刻轉送到新的作業系統？

第 12 章　評價

【答案與解析】 D

　　如果門涅思公司不能將現在所有的檔案紀錄立刻轉送到新的作業系統，那麼使用新系統就毫無意義可言。所以，對於選項 D 的回答是符合題意的有效評價。

電腦硬體下跌速度

　　一般電腦的邏輯元件成本正以每年 25% 的比例下降，一般電腦記憶體則以每年 40% 的比例下跌。如果成本下跌的比例在三年內不變，在三年後一般電腦記憶體的成本下降的比例要比一般邏輯元件成本下降的比例更大。

　　關於以下哪一項的準確資訊，在評價以上結論的正確性方面最有用？

　　A. 今後三年內計劃被購買的邏輯元件和記憶體的數量。

　　B. 邏輯元件和記憶體實際收取的價格。

　　C. 不同廠商的邏輯元件和記憶體的一致性。

　　D. 邏輯元件和記憶體的相對耐用性。

【答案與解析】 B

　　以上結論即三年後的記憶體成本比邏輯元件下降還多。如果邏輯元件比記憶體的實際收取價格高，那麼以上結論被推翻；反之，以上結論則成立。所以，關於選項 B 的準確資訊是評價以上結論正確性的最有用的內容。

為防小偷，將監視超市

一家超市常常有顧客偷竊商品，這影響了該超市的盈利。於是該超市管理層痛下決心，在該超市安裝監視設備，並且增加導購員，由此來提高該超市的利潤率。

下面哪一項對於評價該超市管理層的決定最為重要？

A. 該超市商品的進價與賣價之比。

B. 該超市每天賣出商品的數量和價格。

C. 每天到該超市購物的顧客人數和消費水準。

D. 該超市因顧客偷拿商品所造成的損失，與運行監視設備、增加導購員的花費之比較。

【答案與解析】 D

根據常識可以知道，超市管理層的任何決定都是為了超市能夠盈利最大化。如果顧客偷竊所造成的損失遠不及安裝監視設備和增加導購員的成本，那麼管理層的這個決定並非一個正確決定。也就是說，安裝監視設備、增加導購員不是提高超市利潤率的手段。由此得出，答案為 D。

圖書館收益改進方法

大學圖書館員說：「直到三年前，校外人員還能免費進入圖書館，後來因經費減少，校外人員每年須付 100 元才能進入我館。但是，仍然有 150 個校外人員沒有付錢。因此，如果我們雇用一名保全去辨別校外人員，並保證所有校外人員均按要求

第 12 章　評價

繳費，圖書館的收益將增加。」

要判斷圖書館員的話是否正確必須首先知道下列哪一項？

A. 每年進入圖書館的校內人員數。

B. 今年圖書館的費用預算是多少。

C. 圖書館是否安裝了電腦查詢系統。

D. 雇用一名保全一年的開支是多少。

【答案與解析】 D

圖書館員認為雇用一名保全能夠增加圖書館的收益。如果雇用一名保全一年所需的開支超過了校外人員的繳費額，那麼圖書館員的話是錯誤的；反之，圖書館員的話則是對的。所以，要判斷圖書館員的話是否正確，首先要知道選項 D 的內容。

故事

透過以上趣味題的練習，想必大家已經掌握了評價在邏輯學中的應用。接下來大家就透過小故事來放鬆一下吧！

公地悲劇

公地悲劇（The tragedy of the commons），即人們使用共同擁有的（即對任何使用者開放的）牧場比使用私人的牧場更不注意。每個放牧者都有過度使用公用牧場的衝動，因為從中獲得的利益將歸於個人，而由於過度使用公用牧場引起的土地品質下降的成本由所有使用者分攤。一項研究比較了 2.17 億

英畝的公共牧場和 4.33 億英畝的私人牧場，表明公用牧場的條件更好。

如果在放牧之前，該研究中的共用牧場就比私人牧場的土地品質好，那麼這項研究的意義就大打折扣。

所以，與公地悲劇作比較，評價以上描述的這項研究的意義時，需要對以下問題作出回答，即在用來放牧之前該研究中的私人土地是否與公用土地的品質相當？

哪種雞蛋更營養

有人選擇了品種和等級完全相同的蛋雞，一半投放到草原上餵養，一半在非草原餵養，然後比較牠們的營養成分。

這個實驗顯然是可行的。因為這兩批蛋雞的品種和等級完全相同，唯一不同的是生活環境，所以，如果這兩批蛋雞所下的雞蛋的營養價值不同，則是與其生活環境有關。也就是說，這個實驗運用的是對比評價的邏輯思想。

林教授是不是偏心

院長最近接到了好幾位同學的投訴，而他們都投訴林教授太偏心，在考試給分上不公平。學生們說：「林教授是宜蘭人，他總是把滿分給宜蘭籍的學生。例如，上學期他教的班上只有張貝貝和李元元得了滿分，她們都是宜蘭籍的學生。」

為了瞭解事情真相，院長對林教授所給滿分的同學的籍貫進行了調查。如果林教授所給滿分的同學中全都是宜蘭籍學

第 12 章　評價

生，那麼學生的結論為真；反之，學生的結論為假。

　　也就是說，關於「林教授所給滿分的學生中是否曾有非宜蘭籍的學生」的提問是對學生結論的有效評價，這也屬於對比評價。

未成年人吸菸與無照駕駛

　　毫無疑問，未成年人吸菸應該加以禁止，但我們不能為了防止給未成年人吸菸以可乘之機，就明令禁止自動售菸機的使用。這種禁令就如同為了禁止無照駕駛而在道路上設立路障一樣。這道路障自然禁止了無照駕駛者，但同時也阻擋了 99% 以上的有照駕駛者。

　　以上論證固然有道理，然而，如果成年吸菸者基本不在自動售菸機上購買香菸，那麼禁止自動售菸機的使用對成年吸菸者根本不會造成任何影響，也就是說，上述論證是不成立的。

　　所以，為了對上述論證作出評價，回答以下問題最為重要，即禁止使用自動售菸機帶給成年購菸者的不便究竟有多大？

第 13 章

解釋

第 13 章　解釋

　　邏輯推理有時針對一個現象展開，有時針對一個矛盾問題進行。為了讓邏輯推理能夠被大眾理解、接受、認同，就需要解釋（interpretation）這些現象、矛盾。經過解釋後，邏輯推理成立了，推出的結論更具說服力。很多情況下，甚至三言兩語就能化干戈為玉帛。所以，能用語言解決的問題絕不借助武器。

一分鐘讀懂解釋

　　透過對前面章節的閱讀，大家已經知道，對於一個邏輯推理，可以加強，可以削弱，即可以評價它。其實除此之外，還能對它進行解釋。也就是說，當邏輯推理中出現一些事實或客觀描述時，需要大家對這些現象、事實、結論、矛盾等解釋，以證明整個推理是正確的。

解釋現象

　　當邏輯推理中出現事實或現象的客觀描述時，大家需要找出一個解釋事實或現象發生的原因，以證明結論能夠成立或說明現象為什麼發生。這種解釋事實或現象發生的原因的條件就叫作解釋現象。

解釋矛盾

　　有時候在邏輯推理中會出現一些矛盾現象或者兩種截然相反的情況。而找出說明這個矛盾為什麼會發生的條件，或者區

分兩種截然相反的情況的條件即為解釋矛盾。

例如，白天和黑夜。這是一對截然相反的概念，而對這對概念的解釋就是解釋矛盾。

解釋矛盾的一般步驟是：閱讀推理，找出明顯的矛盾；用自己的話複述這些矛盾；用排除法排除那些超出範圍的內容。

趣味題

看了這麼多關於解釋的理論概念，那麼解釋在邏輯推理中究竟怎麼使用呢？接下來，我們將透過一系列趣味題來詳細說明。

魚鷹與魚

當一隻魚鷹銜著一條魚，如鯡魚、鱈魚或胡瓜魚，由捕魚地返回巢穴時，其它魚鷹就會沿著牠的行蹤覓食。但如果這隻魚鷹銜的是鰈魚，其它魚鷹就很少有這種行為，雖然魚鷹像吃其他魚一樣也吃鰈魚。

以下哪一項最有助於解釋上面所說的魚鷹的捕食習慣？

A. 魚鷹很少能夠捕到鯡魚、鱈魚或胡瓜魚。

B. 鰈魚生活的水域比鯡魚、雪魚或胡瓜魚生活的水域要淺。

C. 鯡魚、鱈魚或胡瓜魚是集體活動，而鰈魚不是。

D. 鰈魚和鱈魚有保護色，而鯡魚和胡瓜魚沒有保護色。

【答案與解析】 C

在這道題中，題幹提出了一種現象，需要大家為這種現象尋找一個原因，這就是典型的解釋現象。因為緋魚、鱈魚和胡瓜魚是集體活動，所以當一隻魚鷹銜著這三種魚中的任何一種魚時，說明該水域有很多這種魚，其他魚鷹也會來該水域捕魚。這樣一來就解釋了魚鷹的這種捕食習慣，因此答案為 C。

資本圖利

資本的特性是追求利潤，某年上半年物價上漲的幅度超過了銀行存款利率。1 ～ 7 月，居民收入持續增加，但居民儲蓄存款增幅持續下滑，7 月外流存款達 1000 億，同時定期存款在全部存款中所占的比重不斷下降。

以下哪項如果為真，最能夠解釋這 1000 億儲蓄資金中大部分資金的流向？

A. 由於預期物價持續上漲，許多居民的資金只能存活期，以便隨時購買自己所需的商品。

B. 由於預期銀行利率將上調，許多居民的資金只能存活期，準備利率上調後改為定期。

C. 由於國家控制貸款額度，民營企業資金吃緊，民間借貸活躍，借貸利率已遠遠高於銀行存款利率。

D. 由於銀行存款利率太低，許多居民考慮是否購買股票或基金。

【答案與解析】C

因為資本的特性是追求利潤，所以當民間借貸利率高於銀行存款利率時，人們就自然選擇了民間借貸而非將錢存入銀行。這也就解釋了外流存款的資金流向。因此選項 C 為正確項。

失敗的行銷活動

某報社準備推出一個訂報有獎的行銷活動：如果你在 5 月 4 日到 6 月 1 日之間訂了下半年的某報社的話，你就可以免費獲贈下半年的水果日報。推出這個活動之後，報社每天都在統計新訂戶的情況，結果非常失望。

以下哪項如果為真，最能夠解釋這項行銷活動沒有成功的原因？

A. 根據統計，水果日報不是一份十分有吸引力的報紙。

B. 根據一項調查的結果，某報社的訂戶中有些已經同時訂了水果日報。

C. 水果日報的發行管道很廣，據統計，訂戶比某報社的還要多 1 倍。

D. 某報社沒有考慮很多人的訂閱習慣，大多數報刊訂戶在去年年底已經訂了今年一年的水果日報。

【答案與解析】D

縱觀這四個選項，它們都有可能是這項行銷活動沒能成功的原因。但是，如果大多數訂戶已經訂購了水果日報，毫無疑問這項行銷活動就無法吸引訂戶了。所以，選項 D 最能解釋這項行銷活動失敗

第 13 章 解釋

的原因。

棕櫚樹的產量為何下降

棕櫚樹在亞洲是一種外來樹種。長期以來，它一直靠人工授粉，因此棕櫚果的產量極低。1994 年，一種能有效地對棕櫚花進行授粉的象鼻蟲引進了亞洲，使得當年的棕櫚果產量顯著提高，在有的地方甚至提高了 50% 以上。但到了 1998 年年初，棕櫚果的產量卻大幅度降低。

以下哪項如果為真，最有助於解釋上述現象？

A. 在 1994 ～ 1998 年，隨著棕櫚果產量的增加，棕櫚果的價格不斷下降。

B. 1998 年秋季，亞洲的棕櫚樹林區開始出現象鼻蟲的天敵。

C. 在亞洲，象鼻蟲的數量在 1998 年比 1994 年增加了一倍。

D. 果實產量連年上升，會導致孕育果實的雄花無法從樹木中汲取必要的營養。

【答案與解析】D

棕櫚果的價格與其產量並無必然聯繫，A 項不選。B 項中的時間定位在秋季，而題幹中提到的時間在年初，因此不選。如果象鼻蟲的數量增加，棕櫚果的產量應該提高，而非降低，排除 C 項。由此看來，選項 D 為正確答案。如果雄花無法汲取到必要營養，那麼授粉成功率定會大大降低，棕櫚果的產量也就自然降低了。

商家的廣告效果為何不理想

有一商家為了推銷其家用電腦和網路服務，目前正在大力開展網路消費的廣告宣傳和推廣促銷。經過一定的市場分析，他們認為手機使用者群是潛在的網路消費使用者群，於是決定在各種手機零售場所宣傳、推銷他們的產品。結果兩個月下來，效果很不理想。

以下哪項如果為真，最有助於解釋出現上述結果的原因？

A. 剛剛購買手機的消費者需要經過一段時間後才能成為網路消費的潛在使用者。

B. 法律對公務員使用手機加以限制，購買手機的人因此有所減少。

C. 購買家用電腦或是辦理網路服務對民眾來說還是件大事，一般來說，消費者對此的態度比較慎重。

D. 家用電腦和網路服務在知識分子中已經比較普及，他們所希望的是升級自己電腦的性能。

【答案與解析】 A

購買手機往往需要支付一筆不少的費用，並且家用電腦和網路服務的價格也不便宜。所以，在一般情況下，人們購買手機後不會立刻購買家用電腦和網路服務。以此為前提就能解釋為什麼商家的宣傳、推銷的效果不明顯。故本題答案為 A。

第 13 章　解釋

故事

看完了趣味題，就該到故事時間了。在接下來的一個個小故事中，我們將繼續分析解釋在邏輯推理中的運用。

金雕追擊野狼

新疆的哈薩克族用經過訓練的金雕在草原上長途追擊野狼。某研究小組為研究金雕的飛行方向和判斷野狼群的活動範圍，將無線電傳導器放置在一隻金雕身上追蹤。野狼為了覓食，活動範圍通常很廣。因此，金雕追擊野狼的飛行範圍通常也很大。然而兩週以來，無線電傳導器不斷傳回的訊號顯示，金雕僅在放離地三千公尺範圍內飛行。

這個結果讓研究小組倍感疑惑。為了搞清楚產生這個結果的原因，該研究小組在附近進行了實地考察，結果發現金雕的放飛地兩千公尺範圍內有一牧羊草場，是狼群襲擊的目標。

這個考察結果有力地解釋了金雕僅在放飛地三千公尺的範圍內飛行，因為附近有牧羊草場，狼群經常在這附近出沒。

利什曼病

利什曼病是一種傳染病，這種病是透過沙蠅叮咬患病的老鼠後再叮咬人而傳播。某地區在建設一個新的城鎮時，雖然在該地區利什曼病和沙蠅都是常見的，傳染病專家卻警告說，提高滅鼠的力度以降低老鼠的數量，這種做法將弊大於利。

　　新城鎮的人們聽了專家的警告後非常疑惑。對此專家補充說，沙蠅只有在老鼠的數量不足時才會叮咬人。

　　專家的補充其實也是對上述結論的解釋。有了這個補充作為原因，就不難理解專家的警告了。由此看來，如果人們大力捕殺老鼠，最終只會導致大量沙蠅叮咬人，其結果就是利什曼病會更為廣泛地傳播。

讀書的人越來越少

　　一項調查顯示，國民圖書閱讀率連續 6 年走低，與此同時社會大眾的學習熱情卻持續高漲。圖書閱讀率持續走低，而社會大眾的學習熱情高漲。這顯然是一對矛盾的概念。

　　為了解釋這個矛盾現象，有人找出了一組資料，即國民線上閱讀率在六年內由 3.7% 成長到 27.8%。也就是說，大多數人選擇了線上閱讀而非閱讀紙本書，準確地解釋了上述矛盾現象。

大學生當家教

　　丁丁是一位大學二年級的學生。為了體驗生活，也為了賺取一些零用錢，他利用暑假時間去當家教了。丁丁的父母知道這件事情後很不解，也不贊同。

　　其實，大學生利用假期當家教已不再是新鮮事。一項調查顯示，63% 的被調查者贊成大學生當家教。但是，當問到自己家裡是否會請大學生家教時，有近 60% 的人表示「不會」。

　　大多數人贊同大學生當家教，但是也有不少人表示不會請

第 13 章　解釋

大學生當家教。這毫無疑問是一種矛盾現象，所以我們需要解釋矛盾。

在贊成大學生當家教的人中，有 69% 的人認為家教工作對大學生自身有益，只有 31% 的人認為大學生家教能提供更好的教學品質，透過這一組資料就能解釋上述矛盾現象。雖然大多數人認為大學生當家教對自身有益，對此表示支持，但是這些人並不認為大學生比專業師資更強。

甘蔗的矛盾

H 村的釀酒技術遠近聞名，許多愛好喝酒的人千里迢迢趕來 H 村買酒。H 村的人們不僅釀酒技術爐火純青，並且他們釀酒所用的原料也是大有講究、精挑細選。儘管用甘蔗提煉乙醇比用玉米需要更多的能量，但 H 村的人們還是堅持用甘蔗做原料。

當然，這就難免給人一種矛盾的感覺。其實燃燒甘蔗廢料可提供向乙醇轉化所需的能量，而用玉米提煉乙醇則完全需額外提供能量。

有了這個解釋後，這個矛盾就化解了。除了燃燒甘蔗可提供能量外，用甘蔗作為原料釀出來的酒也更香醇。

天鵝與鵝

在過去的幾十年中，位於加拿大南部和美國北部的多草濕地被廣泛排水和開發。這些地方對於鴨、鵝、天鵝和大多數其

他種類的水鳥的築巢和孵化必不可少。美國北部這一地區鴨的數目在此期間大幅下降，但天鵝和鵝的數目並沒有顯著的變化。

照理說，當鴨的數目大幅下降時，那麼生活在同一地區的鵝、天鵝的數量也會減少。但實際情況是鵝、天鵝的數量並沒有顯著變化。會出現這種情況，還有其他原因存在。

的確，經過調查者的實地考察發現，大多數天鵝和鵝的築巢和孵化地比鴨的更靠近北邊，那一地區至今還未被開發。有了這個原因，就不難解釋上述矛盾現象了。

成績名次統計方法

一項對 D 大學企業管理系第 19 屆畢業生的調查結果看來有些問題。因為當被調查畢業生被問及，其在校成績的名次時，統計資料表明：有 60% 的被調查畢業生說他們的成績位居班級的前 20。

顯然這是不可能的。但是調查者排除了被調查畢業生說假話的可能。那麼到底是什麼原因導致了上述現象呢？

原來，成績較差的畢業生在被訪問時，一般沒有回答這個有關成績名次的問題。有了這個原因，就能解釋上述矛盾現象了。因為並不是所有畢業生都回答了有關成績名次的問題。

雜貨店倒閉了

一則關於許多蘋果含有一種致癌防腐劑的報導對消費者產生的影響極小。幾乎沒有消費者打算改變他們購買蘋果的習

第 13 章　解釋

慣。儘管如此，在報導一個月後的三月分，大批賣蘋果的食品雜貨店倒閉了。

看到這個結果，大家可能會覺得很費解。其實要解釋這個矛盾現象並不難。因為在三月分，許多食品雜貨店為了顯示他們對消費者健康的關心，開始停止售賣蘋果。

由此看來，並非消費者不買蘋果導致食品雜貨店倒閉，而是食品雜貨店的一腔極強的責任心導致了其倒閉，而這種良心商家正是現代社會需要的。

第 14 章

推論

第 14 章　推論

　　有人會說，邏輯推理不就是推論嗎？沒錯，邏輯推理是廣義上的推論（inference）。其實從狹義上來看，將推論進行細分的話，又能分為推出結論、確定論點和繼續推理三種類型。在考試中，針對每一個推論類型都會有相應的題型。

一分鐘讀懂推論

　　透過對以上章節的閱讀，大家可以知道，假設、支持、削弱、評價所面臨的推理是有待驗證的，而推論面對的推理是一定成立的。所以，推論是根據一個真實的前提或結果推出另一個前提或結果的過程。

推出結論

　　當一個邏輯推理題列舉了一堆事實或提出一段描述性的文字時，往往需要讀者從中得出一個結論。這就是所謂的推出結論。

確定論點

　　如果一個邏輯推理提出的是一段論述，則會要求讀者根據論述確定一個中心或者找出主要觀點。這就是推論中的確定論點。

繼續推理

　　所謂繼續推理，即在已提出的推理過程的基礎之上再進行

推理。也就是說,將已提出的推理作為前提,繼而推出一個結果。在遇到繼續推理時,要注意限定範圍和收斂思維。

趣味題

閱讀完關於推論的理論解釋後,大家是不是很好奇這個推論在邏輯推理中到底該怎麼用呢?接踵而來的趣味題將滿足你的好奇心。

昆蟲為繁殖而死

有些昆蟲在第一次繁殖幼蟲之後便死去,另一些昆蟲則在它們的下一代獲得生存保證之後還能活幾年。在後一種昆蟲中,包括那些對生態系統作出有益貢獻的昆蟲,如蜜蜂。

從以上陳述中能得出以下哪項結論?

A. 在生態系統中不扮演主要角色的昆蟲通常在第一次繁殖後便死去。

B. 大多數蜜蜂在下一代能夠自行生活之後還會活得很好。

C. 蜜蜂通常不會在第一次繁殖以後立刻死亡。

D. 大多數昆蟲一出生就能獨立生活,不需要成年昆蟲的照顧。

【答案與解析】C

這是一種典型的「推出結論」。如果以題幹為前提,那麼選項 C 中的結論是能夠根據題幹推出的。

第 14 章　推論

鞋子大小只有腳知道

對於穿鞋來說，正合腳的鞋子比過大的鞋子好。不過，在寒冷的天氣，尺寸稍大點的毛衣與正合身的毛衣的差別並不大。

從以上論述最能推出以下哪個結論？

A. 不合腳的鞋不能在冷天穿。

B. 毛衣的大小只不過是樣式的問題，與其功能無關。

C. 不合身的衣服有時仍然有穿用價值。

D. 在買禮物時，尺寸不如用途那樣重要。

【答案與解析】 C

很顯然，題幹中的意思是說，即使衣服不合身，但影響並不大。在四個選項中，只有選項 C 的內容與這個意思最為吻合，因此答案為 C。

穀物減產原因

W 病毒是一種嚴重危害穀物生長的病毒，每年要造成穀物的大量減產。W 病毒分為三種：W1、W2 、W3。科學家們發現，把一種從 W1 中提取的基因植入易受感染的穀物基因中，可以使該穀物產生對 W1 的抗體。這樣處理的穀物會在 W2 和 W3 中，同時產生對其中一種病毒的抗體，但嚴重削弱對另一種病毒的抵抗力。科學家證實，這種方法能大大減少穀物因 W 病毒危害造成的損失。

從上述斷定最可能得出以下哪項結論？

A. 在三種 W 病毒中，不存在一種病毒，其對穀物的危害性，比其餘兩種病毒的危害性加在一起還大。

B. 在 W2 和 W3 兩種病毒中，不存在一種病毒，其對穀物的危害性，比其餘兩種 W 病毒的危害性加在一起還大。

C. W1 對穀物的危害性，比 W2 和 W3 的危害性加在一起還大。

D. W2 和 W3 對穀物具有相同的危害性。

【答案與解析】 B

科學家已經證實了這種方法能大大減少穀物因 W 病毒危害造成的損失，那就說明，W2、W3 這兩種病毒中任何一種病毒對穀物的危害，不會比其餘兩種病毒對穀物的危害大。也只有在這種情況下，科學家的結論才會是正確的。所以，選項 B 是正確的。

動物保護

環境學家特別關注保護瀕臨絕種動物的高昂費用，提出應透過評估各種瀕臨絕種的動物對人類的價值，以決定保護哪些動物。此法實際不可行，因為，預言一種動物未來的價值是不可能的，評價對人類現在作出間接但很重要貢獻的動物的價值也是不可能的。

作者的主要論點是什麼？

A. 保護沒有價值的瀕臨絕種的動物，比保護有潛在價值的動物更重要。

B. 儘管保護所有瀕臨絕種的動物是必需的，但在經濟上卻

　　是不可行的。

C. 由於判斷動物對人類價值高低的方法並不完善，在此基
　　礎上作出的決定也不可靠。

D. 保護對人類有直接價值的動物遠比保護有間接價值的動
　　物重要。

【答案與解析】C

　　從這道題的提問方式可以知道，這是一道「確定論點」的題。透
過分析作者的一系列論述，能夠得出作者的主要觀點是，評估瀕臨絕
種的動物的方法不可行也不可靠。符合這個意思的只有選項 C。

電動車

　　有人認為用電動車是解決未來空氣污染問題的一個潛在方
案。但他們卻忽略了電池是要充電的，而且我們目前的大多數
電力都是透過燃燒有機燃料。使用的電動車越多，就需要蓋越
多的發電廠，因為目前所有的發電廠都在以最大的負荷運轉。
即使所有的汽車都被電動車替代，也不過是由一種燃料替代另
一種燃料而已。

　　上述議論的主要論點是什麼？

A. 用電動車替代汽車需要建立更多的發電廠。

B. 除非人們少開車；否則，明顯地減少空氣污染是不
　　可能的。

C. 在使用中，用電動車也會造成空氣污染。

  D. 用電動車替代汽車，不是解決汽車造成空氣污染的有
   效方案。

【答案與解析】 D

  在上述議論中，論述者首先指出有人認為可以用電動車來解決空
氣污染問題，然後論述者列舉了一個的例子說明這種「認為」是不可
行的。換句話說，論述者主要在議論用電動車替代汽車不是解決汽車
造成空氣污染的有效方案。從這個提問中就能看出，這道題涉及的是
推論中的「確定論點」。

損害利益，社會審判

  一旦一個人行為的任何部分有損害地影響了他人利益，社
會就對其有審判權。對這種行為的干涉是否能提高整體福祉，
成為一個公開討論的問題。

  作者在上文中的主張是以下哪項？

  A. 社會是不依賴於個人行為的。

  B. 當一個人的行為對他人有利時，一個社會的整體福祉
   被提高。

  C. 沒有損害他人福利的行為不應當受到社會審判。

  D. 對個人行為的干涉沒有提高整體福祉。

【答案與解析】 C

  顯然在以上整個議論中，作者都是在圍繞著是否損害他人利益，
以及是否要進行社會審判展開。然而從作者的隻言片語中，能夠看出

第 14 章　推論

作者主張當一個人的行為沒有損害他人利益時，就不應該對其進行社會審判。所以答案為 C 項。在確定論點時，一定要從題幹出發，緊扣題幹，從題幹中發掘主要觀點。

宇宙最輕的元素

　　早期宇宙中含有最輕的元素：氫和氦。像碳這樣比較重的元素只有在恆星的核反應中才能形成，並且在恆星爆炸時擴散。最近發現的一個星雲中含有幾十億年前形成的碳，當時宇宙的年齡不超過 15 億年。

　　以上陳述如果為真，以下哪項必定為真？

　　A. 最早的恆星中只含有氫。

　　B. 在宇宙年齡還不到 15 億年時，有些恆星已經形成了。

　　C. 這個星雲中也含有氫和氦。

　　D. 這個星雲中的碳後來構成了某些恆星中的一部分。

【答案與解析】 B

　　這道題要求大家在已提出推理的基礎之上再進行推理，因此它是一道「繼續推理」類型的題。解答這種題時必須緊扣已提出的條件和結論。由於已經在宇宙中發現了幾十億年前的碳元素，又碳元素只有在恆星的核反應中才能形成，這說明有些恆星形成的時候，宇宙年齡還不到 15 億年。

天然化學物質與人工合成

　　天然產生的化學物質的結構一旦被公布，就不能取得這種

化學物質的專利。但是在一種天然產生的化學物質合成物被當作藥品之前，它必須透過與人工合成藥品一樣嚴格的測試，最終在一份出版的報告中詳細說明合成物的結構和觀察到的效果。

如果以上陳述正確，基於以上陳述，以下哪種說法也正確？

A. 一旦結構公布於眾，任何天然產生的化學物質都可以人工合成出來。

B. 若人工生產的化學物質合成物取得專利，那麼其化學結構一定公布於眾。

C. 如果天然生成的化學物質合成物被證明效果並不差，人們偏好於使用天然生成的化學物質合成物作為藥品而不偏好人工合成藥品。

D. 一旦天然生成的化學物質合成物被許可作為藥品使用，它就不能取得新專利了。

【答案與解析】 D

這依然是一個關於「繼續推理」的問題。透過對所提出的四個選項的分析，可以知道選項 D 中的推理與以上陳述中的推理思路完全吻合。所以答案為 D 項。

行銷部五人背景

某公司的行銷部有五名員工。其中有兩名大學是行銷系，有兩名大學是資工系，有一名大學是物理系；又知道五人中有

第 14 章　推論

兩名女子，她們的大學科系不同。

　　根據上文所述，以下哪項論斷最可能為真？

　　A. 該行銷部有兩名男子是來自不同科系。

　　B. 該行銷部的一名女子一定是資工系畢業的。

　　C. 該行銷部三名男子來自不同的科系，女子也來自不同的科系。

　　D. 該行銷部至多有一名男子是行銷系畢業。

【答案與解析】 A

　　由題意可得出如下推理結果，當兩名女子分別為行銷系和資工系時，三位男子分別為行銷系、資工系和物理系；如果兩名女子分別為行銷系和物理系時，那麼三名男子中有兩名為資工系，一名為行銷系；如果兩名女子分別是資工系和物理系時，那麼三名男子中有兩名是行銷系，一名是資工系。綜合這三種情況，可得出有兩名男子一定來自不同的科系，因此 A 項論斷最可能為真。

汽車追尾規定

　　為了減少汽車追尾事故，有些國家的法律規定，汽車在白天行駛時也必須打開尾燈。一般地說，一個國家的地理位置離赤道越遠，其白天的能見度越差；而白天的能見度越差，實施上述法律效果越顯著。事實上，目前世界上實施上述法律的國家都比臺灣離赤道遠。

　　上述斷定最能支援以下哪項相關結論？

　　A. 臺灣離赤道較近，沒有必要實施上述法律。

B. 在實施上述法律的國家中，能見度差是造成白天汽車追尾的最主要原因。

C. 一般地說，和目前已實施上述法律的國家相比，如果在臺灣實施上述法律，其效果將較不顯著。

D. 臺灣白天汽車追尾事故在交通事故中的比例高於已實施上述法律的國家。

【答案與解析】C

從題幹來看，它為我們提供了三條資訊：一是離赤道越遠，白天的能見度越差；二是白天的能見度越差，汽車在白天打開尾燈防止追尾的效果越明顯；三是臺灣與已實施上述法律的國家相比，離赤道更近。綜合這三條資訊，能夠推出臺灣白天的能見度並沒有那麼差，實施上述法律的效果將不會很顯著。因此選項 C 為正確項。

故事

要想徹底搞清楚推論的應用，怎麼少得了小故事的輔助呢？所以，接下來讓我們在故事中邊看邊學。

爆米花

與傳統爆米花要花 7 分鐘加熱相比，在微波爐內爆米花只需 3 分鐘。然而，微波爆米花的價錢一般是相同重量的傳統爆米花價錢的 5 倍多。於是經濟學家鑒於微波爆米花受歡迎的程度得出一個結論，即很多人願意為了一點點附加的方便而

第 14 章　推論

付高價。

　　在這個結論的驅使下，越來越多的人加入了賣微波爆米花的行列。當這些人被問及他們加入這個行列的原因時，他們的回答是，根據經濟學家的結論能夠推出：人們花費在用 3 分鐘或更少的時間來烹調的微波食品上的錢，要比花費在用較長的時間來烹調的微波食品上的錢多。

　　賣微波爆米花的商家得出這個結論的前提，是經濟學家的結論。也就是說，這是一個繼續推理的過程。也正是由於這個繼續推理，讓很多人看到了賣微波爆米花的市場前景。

超輕型飛機實驗

　　S 航空公司最近新購進了一批超輕型飛機。在試駕的過程中，經驗豐富的老飛行員比新手碰到更多的麻煩。有經驗的飛行員已經習慣了駕駛重型飛機。當他們駕駛超輕型飛機時，總是會因忘記駕駛要則的提示而忽視風速的影響。

　　試駕結束後，那些經驗豐富的老飛行員感嘆道：「還是重型飛機比超輕型飛機在風中更易於駕駛。」

　　為什麼這些老飛行員會有這樣的感嘆呢？與他們在試駕超輕型飛機的過程中遇到的問題相比較，可以得出重型飛機在風中駕駛時受到風速的影響很小，因此更易於駕駛。這屬於典型的對比推論，透過與超輕型飛機的比較，得出重型飛機的駕駛優勢。

人固有一死

司馬遷曾說過：「人固有一死，或重於泰山，或輕於鴻毛。」於是有人根據這句話得出這樣一個推論：所有人都固有一死，因此，蘇格拉底是固有一死的。

這個推理中包含了一個簡單的因果關係，即因為所有人固有一死，所以蘇格拉底固有一死。

其實要得出這個推論，嚴格來說，還需在推理的過程中做一個假設，即假設蘇格拉底是人。顯然，如果蘇格拉底不是人，這個推論將不能夠成立。所以這種推論又屬於假設推論。

知名度與廣告宣傳

你以為只有電視廣告才能宣傳商品嗎？在 Q 區，商品透過無線廣播電臺進行密集的廣告宣傳，將能迅速獲得最大的知名度。

所以在 Q 區，某一商品為了迅速獲得最大的知名度，除了透過無線廣播電臺進行密集廣告宣傳外，不需要利用其他宣傳工具做廣告。

是的，題幹中已經明確表示 Q 區中的商品透過無線廣播電臺的密集宣傳，就能迅速獲得最大的知名度。因此，Q 區中的商品不用花額外的錢借助其他工具宣傳，只需專注於無線廣播電臺宣傳就能達到宣傳目的。由題幹中已有的條件繼而推出結論，這是推論中的繼續推理。

第 14 章　推論

新加坡人均壽命世界第一

　　1960 年代初以來，新加坡的人均壽命不斷上升，到 21 世紀已超過日本，成為世界之最。與此同時，和一切已開發國家一樣，由於飲食中的高脂肪含量，新加坡人的心血管疾病的發病率也在逐年上升。

　　根據這個論述，有人得出結論，1960 年代造成新加坡人死亡的那些主要疾病，到 21 世紀，如果該國的發病率沒有實質性的改變，那麼對這些疾病的醫治水準一定有實質性的提高。

　　儘管新加坡的人均壽命不斷上升，但是新加坡人的心血管疾病的發病率也在逐年上升。這似乎是一對矛盾的概念，其實不然。如果新加坡的醫療水準上升，而且是對心血管疾病的治療水準有了實質性的提高，那麼就不難將這個矛盾解釋清楚。所以，這個結論合情合理、符合邏輯要求。

進餐次數與進餐總量

　　一份醫學研究報告顯示，如果一個人增加每日進餐次數，但不增加進食總量，那麼他的膽固醇濃度會明顯下降。但是醫生並不建議膽固醇過高的病人增加進餐次數。

　　對此，醫生解釋道：「大多數人在增加進餐次數的同時，也攝入了更多的食物。所以對大多數人來說，增加每天的進餐次數不會使膽固醇濃度顯著降低。」

　　顯然當一個人增加進餐次數的同時也增加了進餐的總量，

那麼增加進餐次數的辦法無益於降低他的膽固醇濃度。不僅如此，他的膽固醇水濃度還可能會因此升高。因此，醫生的推論是正確的。

經濟良性循環

經濟良性循環，是指不過分依靠政府的投資，靠自身的力量來實現社會總供給和社會總需求的基本平衡，實現經濟成長。由此看來，儘管某一時期的經濟穩定成長，但這並不意味著這一時期的經濟已經轉入良性循環。

就目前的經濟成長狀況來看，雖然經濟成長態勢穩定，但這是靠政府大力投資實現的，而非靠經濟的自身，因此不能說經濟已經進入良性循環。因為這個結論的得出依靠以上推論作為前提條件，所以將這種推理方式叫作推論支援。

加班會失眠

過度工作和壓力都會導致失眠症。S 公司的所有管理人員都有壓力，儘管醫生反覆提出警告，但大多數的管理人員每週仍然工作超過 60 小時，而其餘的管理人員每週僅工作 40 小時。只有每週工作超過 40 小時的員工才能得到一定的獎金。

根據以上論述能夠得出一個結論，即大多數得到一定獎金的 S 公司管理人員患有失眠症。

從題幹中的條件可以知道，只有每週工作超過 40 小時才能得到獎金，而工作超過 40 小時即為過度工作，過度工作則會導

致失眠。由此，結論得以成立。這種呈現出自上而下的特點的
推理也叫推論支援。

第 15 章

比較

第 15 章　比較

前面講到的邏輯推理的應用都是針對其單一的邏輯推理而言。當兩個及其以上的邏輯推理同時出現時，除了要支持、削弱、解釋、評價以外，還會涉及比較（comparison）。所謂「沒有買賣，沒有傷害」。在邏輯學中的比較，主要是從結構平行和方法相似兩個角度進行。

一分鐘讀懂比較

在邏輯學中，一個完整的邏輯推理通常由前提與結論構成。而比較則是透過對幾個不同的邏輯推理的前提或結論的分析，從而找出它們的相同點或區別的方法。

結構平行

所謂結構平行，其實是為比較提供了一種具體的思路。也就是說，當比較幾個邏輯推理時，以其中一個為基準，然後將其他的邏輯推理與這個基準的結構進行比較。

方法相似

方法相似是我們在比較時經常應用的一種思路。尤其是在面對選擇題時，只需在選項中找出與題幹中推理方法相似的一項即可，至於論證內容的真實與否可以忽略。

趣味題

想要掌握比較，當然需要借助趣味題啦。現在就讓我
們練習！

高級文明存不存在

有些人堅信，在宇宙空間中，還存在人類文明之外的其他
高級文明，因為現在尚沒有任何理論和證據證明這樣的文明不
可能存在。

下面哪一個選項與題幹中的論證方式相同？

A. 神農架地區有野人，因為有人看見過野人的蹤影。

B. 既然你不能證明鬼不存在，所以鬼存在。

C. 科學家不是天生聰明，例如愛因斯坦小時候並沒有顯得
很聰明。

D. 一個經院哲學家不相信人的神經在腦中匯合，理由是亞
里斯多德著作中講到，神經是從心臟裡產生的。

【答案與解析】 B

這是一道關於方法相似的比較題。題幹中的論證方式是，因為不
能證明這樣的文明不存在，所以這樣的文明存在。在所提出的四個選
項中，與這種論證方式相同的顯然是選項 B。

支票能不能入帳

如果學校的會計沒有人上班，我們的支票就不能入帳。我

271

們的支票不能入帳，因此，學校的會計沒有上班。

請在下列各項中選出與上句推理結構最為相似的一句。

A. 如果太陽神隊主場是在雨中與對手激戰，就一定會贏。現在太陽神隊主場輸了，看來一定不是在雨中比賽。

B. 如果太陽很大，李明就不會去游泳。今天太陽果然很大，因此可以斷定，李明一定沒有去游泳。

C. 所有的學生都可以參加這一次的決賽，除非沒有通過資格賽。這個學生不能參加決賽，因此他一定沒有通過資格賽。

D. 倘若是媽媽做的菜，菜裡面就一定會放紅辣椒。菜裡面果然有紅辣椒，看來是媽媽做的菜。

【答案與解析】 D

既然要找出與題幹推理結構最為相似的一句，那麼首先要分析出題幹中的推理結構是什麼。題幹中的推理結構為，如果會計沒上班，支票不能入帳。支票不能入帳，因此會計沒上班。

將四個選項中的推理結構一一與題幹中的推理結構進行比較，可以得出選項 D 中的推理結構與題幹中的推理結構一致。選項 D 中的推理結構是，倘若是媽媽做的菜，則有紅辣椒。有紅辣椒，所以是媽媽做的菜。

雞蛋孵化小雞

只有在適當的溫度下，雞蛋才能孵出小雞。現在雞蛋已經孵出了小雞，可見溫度適當。

下述哪個推理與上述推理在形式上是相同的？

A. 如果物體間發生摩擦，那麼物體就會生熱。物體間已經發生了摩擦，所以物體必然要生熱。

B. 只有年滿二十歲的公民，才有選舉權。趙某已有選舉權，他一定年滿二十歲了。

C. 公民都有勞動的權利。彰明是公民，因此他有勞動的權利。

D. 某國《刑法》規定：致人重傷的處三年以上，七年以下有期徒刑。被告已致人重傷，因此他應處三年以上，七年以下的有期徒刑。

【答案與解析】 B

這是一個關於結構平行的比較，因此首先需要分析題幹中的結構。題幹中的結構是，只有溫度適當，才能孵出小雞;已經孵出小雞，所以溫度適當。

分析四個選項中的推理結構，能夠得出選項 B 中的推理結構與題幹推理結構一致。選項 B 的推理結構是「只有......才......，已經......所以......」。

土地改革是對的

一切有利於生產力發展的方針政策都是符合人民根本利益。土地改革有利於生產力的發展，所以土地改革符合人民根本利益。

以下哪種推理方式與上面的這段論述最為相似？

A. 一切行動聽從指揮，是一支隊伍能夠戰無不勝的紀律保證。所以一間企業、一個地區要發展，必須提倡令行禁止、服從大局。

B. 經過對最近六個月銷售的健身器材追蹤調查，沒有發現一臺健身器材因品質問題被退貨或返修。因此，可以說這批健身器材的品質是合格的。

C. 如果某種產品超過了市場需求，就可能出現滯銷現象。D 牌領帶的供應量大大超過了市場需求。因此，一定會出現滯銷現象。

D. 凡是超越代理人許可權所簽的合約都是無效的。這份房地產建設合約是超越代理許可權簽訂的，所以它是無效的。

【答案與解析】 D

這依然是一個關於結構平行的比較。分析題幹可以知道這是一個三段論式的推理。在所提出的四個選項中，只有選項 D 是三段論推理。故這道題的答案為 D。

無法選修的邏輯課

要選修數理邏輯課，必須已修普通邏輯課，並對數學感興趣。有些學生雖然對數學感興趣，但並沒修過普通邏輯課，因此，有些對數學感興趣的學生不能選修數理邏輯課。

以下哪項的邏輯結構與題幹的最為類似？

A. 據學校規定,要獲得本年度的特殊獎學金,必須來自偏鄉,並且成績優秀。有些本年度特殊獎學金的獲獎者成績優秀,但並非來自偏鄉,因此學校評選本年度特殊獎學金的規定並沒有準確執行。

B. 一本書要暢銷,必須既有可讀性,又經過精心包裝。有些暢銷書可讀性並不大,因此有些暢銷書主要是靠包裝。

C. 任何缺乏經常保養的汽車使用了幾年之後都需要維修,有些汽車用了很長時間以後還不需要維修,因此有些汽車經常保養。

D. 為初學騎士訓練的馬必須強健而且溫馴,有些馬強健但並不溫馴,因此,有些強健的馬並不適合於初學的騎士。

【答案與解析】 D

首先分析題幹的邏輯結構,可以得出其邏輯結構為,如果 P,則 Q 且 M。M 且非 Q,所以,M 且非 P。

分析四個選項中的邏輯結構,可知選項 D 的邏輯結構與之最為相似。D 中的邏輯結構為,如果是為初學騎士訓練的馬,則需要強健且溫馴。有些馬強健但是不溫馴,所以有些強健的馬並不適合初學的騎手。

第 15 章　比較

故事

　　經過了趣味題的歷練，接下來該享受小故事的洗禮。讓我們繼續在一個個故事中鞏固比較吧！

公司規定

　　公司規定，只有在本公司連續工作二十年以上，或者具有突出業績的員工，才能享受公司發放的特殊津貼。小周雖然只在 L 公司就職了 3 年，但現在卻享受公司發放的特殊津貼，因此他一定是作出了突出業績。

　　根據這個推理結構，可以得出這樣一個推理來，即法制的健全或者執政者強有力的社會控制能力，是維持一個國家社會穩定必不可少的條件。某國社會穩定，但法制尚不健全。因此其執政者一定具有強有力的社會控制能力。

　　因為 L 公司的規定的推理結構為，只有 P 或 Q，才能 M。因為非 P 且 M，所以 Q。而得出的這個推理的結構為，若 P 或 Q，則 M。因為 M 且非 P，所以 Q。比較這兩個推理過程，可以得出這兩組邏輯推理的結構平行。

隕石來自哪裡

　　在印度發現了一些不平常的隕石，它們的構成元素表明，只可能來自水星、金星和火星。由於水星靠太陽最近，它的物質只可能被太陽吸引而不可能落到地球上；這些隕石也不可能

來自金星，由於金星表面的任何物質都不可能擺脫它和太陽的引力而落到地球上，因此，這些隕石很可能是某次巨大的碰撞後從火星落到地球上的。

與這種推理方式相類似的推理有，這起謀殺或是劫殺，或是仇殺，或是情殺。作案現場並無財物丟失，死者家屬和睦，夫妻恩愛，並無情人，因此最大的可能是仇殺。

從比較的角度來看，這兩組推理屬於方法相似。在關於隕石的推理中，首先提出了隕石的可能來源，而後經過事實驗證，排除兩個錯誤來源，從而得到一個正確來源。

在關於謀殺的這個推理中，同樣先提出三個可能遭謀殺的原因，然後以事實為依據，排除兩個不可能的原因，最終得到真正的謀殺原因。

降雨引來颶風

威脅美國的颶風，，是由非洲西海岸低氣壓的擾動而形成。每當撒哈拉沙漠以南的地區有大量的降雨之後，美國大陸就會受到特別頻繁的颶風襲擊。所以，大量的降雨一定是構成颶風的原因。

這個論證存在缺陷，然而依然有與之類似的論證。比如，許多後來成為企業家的人，大學時經常參加競爭性的體育運動。所以，參加競爭性體育運動一定有促進人成為企業家的能力。

這兩個邏輯推理的共同缺陷在於，只看到了事物的表面聯

第 15 章　比較

繫，就認定事物之間一定具有因果關係。也就是說，這兩者都是一種強加因果關係的推理。

化工廠污染了河水

一家化工廠生產一種可以讓諸如水獺這樣小哺乳動物不能生育的殺蟲劑。工廠開始運作之後，一種在附近小河中生存的水獺的絕育率迅速提高。因此，這家化工廠在生產殺蟲劑時一定污染了河水。

與這個推理相類似的推理有，低鈣飲食可以導致雞的產蛋量下降。一個農場裡的雞在春天被放養覓食後，產蛋量明顯減少了。所以，雞找到和攝入食物的含鈣量一定很低。

化工廠生產的殺蟲劑的確能讓水獺不能生育，但是水獺不能生育也有可能是其他原因所致，因此將水獺不能生育的原因歸結於化工廠污染了河水並不具有說服力。也就是說，這個推理存在缺陷。同樣，雞的產蛋量下降與食物中的含鈣量有關，但不排除其他因素也會導致雞的產蛋量下降。這個結論也不具有說服力。

飛碟存在嗎

同同在街邊玩耍，突然有一個像大碟子似的飛行器降落在了他的身邊。他有些害怕，想快步離開，但強烈的好奇心使他停留了下來。接著同同看見兩個打扮得很奇怪的人從飛行器裡走了出來。同同正想著上前去跟這兩個人打招呼，這時這兩個

人也快步走向同同，一把抓住同同就往他們的飛行器上拖。同同被嚇得不由地大叫，這時一陣鬧鐘響起。原來同同剛剛只是做了個夢。

夢醒了以後，同同依然心有餘悸。從此，同同堅信飛碟是存在的。理由是：誰能證明飛碟不存在呢？

同同的這種論證方式被不少人使用過，最典型的莫過於，中世紀歐洲神學家論證上帝存在的理由是：你能證明上帝不存在嗎？

顯然，這種論證方式有詭辯的性質，因為這些不能被證明不存在的事物同時也是不能被證明其存在的。將這兩者比較來看，它們的論證方式是相似的。

校園再漂亮也沒用

有人說，和專門的研究機構不同，即使是研究型的大專院校，其首要任務也是培養學生。這一任務沒有完成，校園再漂亮、硬體設施再先進，教師的研究成果再多，也是沒有意義的。

也有人說，和學術著作不同，對於文藝作品來說，最重要的是它的可讀性、觀賞性。只要有足夠多的讀者，高品質的文藝作品就一定能實現它的社會效益、經濟效益，同時體現它的學術價值。

很明顯，從比較的角度來看，這兩種論證方式是截然不同的。它們既不屬於結構平行，也不屬於方法相似。這就告訴了大家，在邏輯比較中，不僅有找類似結構的比較，也有找相異

第 15 章　比較

結構的比較。

候選人投票

在議會選舉中，保守派候選人獲得了大多數選民的支持，而且投票贊成反污染法案的候選人也獲得了大多數選民的支持。所以，在這次選舉中，大多數選民肯定投票支持了贊成反污染法案的保守派候選人。

毫無疑問這個推理存在問題，但與之類似的推理依然很常見。例如，S 說大多數孩子喜歡餡餅，R 說大多數孩子喜歡果醬，如果他們說得都對，那麼大多數孩子肯定喜歡有果醬的餡餅。

這種推理存在問題，是因為在推理的過程中把表面看似有聯繫的事物認定為其一定存在必然聯繫。這兩個推理屬於方法相似，但其論證方法都是錯誤的。

第 16 章
語意

第 16 章　語意

　　邏輯學的應用表現在邏輯推理中，而邏輯推理最終以文字或者語言的形式呈現出來。所以，透過語意（semantics）有時候也能找出邏輯關係。一般情況下，是透過對邏輯推理中的語意預設以及語意分析來尋找其中的邏輯關係。語意分析在日常交際中的意義非常重大。因為透過語意分析能夠得出他人的言外之意、弦外之音。

一分鐘讀懂語意

　　所謂語意，就是人們用語言來描述事物、表達感情時，所使用的語言中包含的意義。正是借助語意，才能將事物描述完整，才能將感情表達清楚。

語意預設

　　學習了這些關於邏輯學的知識後，有人會說，其實在日常交際中也經常會用到邏輯推理。但是很多時候並沒有像書中提到的那樣，列舉出大前提、小前提，最後得出結論，大多數情況下是直接得出結論的。為什麼能夠直接得出結論呢？那是因為這些被省略的前提，通常借助一些特定的語言表達出來，或者前提是眾所皆知的事情，這種情況就叫作語意預設。

語意分析

　　因為我們所使用的語言是按照一定的邏輯順序排列和展開的，所以語言所包含的語意也就有了邏輯性。也就是說，我們

能夠根據這些語意的邏輯性來判斷推理是否符合邏輯。這就是語意分析。

趣味題

現在就讓我們借助趣味題來檢測檢測自己對語意的掌握吧！

你怎麼又遲到了

足球訓練課上，小戴來晚了，教練問他：「你怎麼又遲到了？」

以下哪項是教練提問的預設？

A. 小戴不喜歡上足球訓練課。

B. 小戴遲到是有意的。

C. 這節足球訓練課沒有別的同學遲到。

D. 過去上足球訓練課時小戴也遲到過。

【答案與解析】D

顯然，從教練所說的話中包含的「又」字可以知道，小戴遲到的事情肯定不是第一次了。這就是一種語意預設，儘管教練省略了小戴以前遲到的事實，但透過一個「又」字將這些事實呈現了出來。

背後議論別人

甲、乙二人正在議論 J 先生。

甲：「J 先生是福特公司如今最強的銷售經理。」

乙：「這怎麼可能呢？據我所知，J 先生平時開的是一輛日本車。」

乙的判斷，包含了以下哪項假定？

A. 日本車現在越來越受歡迎，占領了越來越大的國際市場。

B. 這輛日本車的性能一定非常優異，才可能吸引福特公司的銷售經理。

C. 一個公司的銷售經理應當使用本公司的產品，哪能買別的公司的車。

D. J 先生開的那輛日本車，可能是福特公司在日本的合資企業生產的。

【答案與解析】C

從甲乙的對話中可以看到，乙的這個結論是直接得出來的，他並沒有列舉任何大前提或是小前提，但是從乙的這個結論中我們能夠看出他其實是將前提省略了。從乙的語意中能夠推出他省略的是選項 C 中的內容。

王大嬸逛街

王大嬸逛街買東西，看見有個地方圍了一群人。湊過去一看，原來是免費幫忙量血壓。王大嬸轉身就要走，一位年輕的義工叫住了她，「阿姨，讓我幫您測測血壓好嗎？」王大嬸連忙擺手說：「我又不胖，算了吧。」

根據以上資訊，以下哪項最可能是王大嬸的回答所隱含的前提？

A. 只有高血壓的人才需要測血壓，我不用。

B. 只有胖子才可能有高血壓，需要經常測量。

C. 雖然量血壓免費，可開藥方給我就要收錢了。

D. 你們這麼忙，還是先幫比較胖的人測吧。

【答案與解析】 B

當義工要免費幫王大嬸測血壓時，王大嬸以「我不胖」為由拒絕了，這說明在王大嬸看來，胖子才可能有高血壓。雖然王大嬸沒有將這個前提明確表達出來，但從她的語意中能夠得知，這就是語意預設。

不患窮而患不均

在一個物質過剩的世界裡，卻有人因為物質短缺而死去，這種道德上令人厭惡和智力上的荒謬愚蠢，令我感到震驚和羞恥。

下面哪一項是上面這句話的明顯含義？

A. 在一個物質過剩的世界裡，有人因為物質短缺而死去，
是因為他過於懶惰。

B. 在一個物質過剩的世界裡，有人因為物質短缺而死去，
是因為他愚蠢。

C. 從道德和智力這兩個層面而言，我們本來應該設計出一
種分配制度，以便讓每個社會成員都過上體面而有尊嚴

的生活。

D. 在一個物質過剩的世界裡，有人因為物質短缺而死去，是因為他在性格上有缺陷。

【答案與解析】C

因為有人在物質過剩的世界裡因物質短缺而死去，而推理者認為這是一件荒謬愚蠢、令人感到震驚和羞恥的事情，這就說明推理者認為這一狀況本是可以避免的。只有選項 C 中包含了這種意思。

故事

語意預設與語意分析在日常交際中非常重要。因為透過對語意的分析，往往可以得出別人的言外之意，洞察他人的心理。這種能力在交際中十分重要。接下來將借助一系列小故事繼續學習語意。

我們只有一個地球

在每年的環境保護的宣傳中，「我們只有一個地球」的口號無疑提醒了人們要注意環境保護的重要性。為什麼要使用這一口號宣傳呢？這就是因為這句口號包含了「人類不可能找到比地球更適合自己居住的星球了」這一語意，而這一語意既有提醒又有警醒的意味。

顯然透過對口號的語意分析，我們看到了口號背後所包含的意義，也就是言外之意。借助言外之意來警醒人們，表達委

婉，引人思考，效果更佳。

行銷部該不該賠

某牌電腦行銷部向顧客承諾：本部銷售的電腦可在一個月內退換貨、一年保固、三年內到府服務免收服務費，因人為使用不當造成的故障除外。

某人購買了一臺電腦，三個月後磁碟機出現問題，要求行銷部修理。這時行銷部該不該為這位顧客免費修理電腦？答案是肯定的，行銷部替顧客免費更換了磁碟機。

因為在行銷部向顧客的承諾中明確提到「一年保固」，而這位顧客購買電腦的時間只有三個月，在保固期內，所以這名顧客理應享受免費維修。由此可以看出，如果你學習了邏輯學，能夠熟練運用語意分析，將能為你的生活帶來極大的便利。

二十年成為藝術家

小焱十分渴望成為一名微雕藝術家，為此他去請教微雕大師李先生：「您如果教我學習微雕，我要多久才能成為一名微雕藝術家？」李先生回答說：「大約十年。」小焱不滿足於此，再問：「如果我不分晝夜每天苦練，能否縮短時間？」李先生答道：「那要用二十年。」

其實李先生話中有話。他的言外之意是，成為微雕藝術家的重要素養是耐心。

如果小焱不能聽出李先生的言外之意，那麼小焱很有可能

第 16 章　語意

會做許多白功，並且不一定能成為一名微雕藝術家。這就說明學習邏輯學的重要性，尤其是語意分析在實際生活中的重要性。

不到長城非好漢的翻版

有人說：「不到長城非好漢。」也有人說：「不到小三峽，不算遊三峽；不到小小三峽，白來小三峽。」

根據這句「不到長城非好漢」，可以推出的結論是：遊三峽，最令人陶醉的是小小三峽。

顯然，這個推理經過層層遞進，最終是為了突出小小三峽非常值得一遊。因此，推出以上結論是對語意的正確理解與分析。語意分析準確了，結論的得出是水到渠成、自然而然的事情。

成功屬於少數人，遠離雞湯

現在市面上充斥著《成功的十大要素》之類的書，出版社在推銷此類書時聲稱，這些書將能切實地幫助讀者成為卓越成功者。事實上幾乎每個人都知道，卓越的成功注定只屬於少數人，人們不可能透過書本都成為這少數人中的一個。基於這一點，出版社故意所做的上述誇張乃至虛假的宣傳，不能認為是不道德的。退一步說，即使有人相信了出版社的虛假宣傳，但只要讀此類書對他在爭取成功中確實利大於弊，做此類宣傳也不能認為是不道德的。

依照以上的觀點邏輯來看，只有當人們受了欺騙並深受其

害時，故意做這種宣傳才是不道德的。

這個結論完全是根據故事中的語意得出的。因此，透過對語意的分析，有時候可以幫助大家在邏輯推理中更快得出結論。

糧食短缺原因

目前全球的糧食產量，比滿足全球人口的最低糧食需求略高。因此，那種認為將來會因糧食短缺而引發饑荒的預言，是危言聳聽的。饑荒總是源於分配而不是生產。

根據以上邏輯，可以斷定，將來不會有糧食短缺。

首先，全球的糧食產量高於糧食需求，也就是說，目前全球的糧食供求狀態處於供過於求的狀態。

其次，饑荒是由分配導致，而非生產。換句話說，即使生產的糧食少於需求，也不是導致饑荒的主要原因。綜合這兩點來看，可以得出，將來不會有糧食短缺的情況出現。

第 16 章　語意

第 17 章

描述

第 17 章　描述

　　在邏輯推理中，顯然是理性思維多於感性思維。因此在邏輯學中，儘管有描述，但它也是一種理性的描述。邏輯學中的描述（description）包括推理缺陷、邏輯評價、邏輯描述三大類別。學習完這三個類別，你也就學習完了整本書的內容。現在就重點看看描述在邏輯學中到底如何應用。

一分鐘讀懂描述

　　描述即將邏輯推理過程用語言文字表達出來，從而將一個抽象的思維過程轉變為一段具體可理解的文字形式。在對邏輯推理的描述中通常蘊含著邏輯推理的方法、特點，有時候一些邏輯缺陷也會透過文字顯露，這就要求大家把握這些方法、特點，找出這些缺陷。

推理缺陷

　　所謂推理缺陷，就是指所提出的邏輯推理過程中存在問題，或是強加因果，或是變未然為必然，或是前後矛盾，等等。要將推理缺陷單獨拿出來講，是因為想讓大家認識推理缺陷，從而避免犯這樣的錯誤。

邏輯評價

　　邏輯評價與第十二章中講到的評價有相同之處，也有不同的地方。在描述中的邏輯評價主要是透過把握已提出的推理，從而為其找出一個恰當的、合理的點評。

邏輯描述

邏輯描述即透過已提出段落的資訊，來識別推理的結構以及其使用的方法。這是一種對作者意圖的揣摩與猜測。當然這種揣摩與猜測是有根據的。

趣味題

看了有關描述的概念後，大家是否感覺到了描述在邏輯學的應用中是非常有趣的呢？現在大家就透過下面的趣味題來看看描述的趣味性到底在哪！

我要和你辯論

假如我和你辯論，我們之間能夠分出真假對錯嗎？我和你都不知道，而其他的人都有成見，我們請誰來評判？請與你觀點相同的人來評判。他既然與你觀點相同，怎麼能評判？請與我觀點相同的人來評判。他既然與我觀點相同，怎麼能評判？請與你我觀點都不相同的人來評判。他既然與你我的觀點都不相同，怎麼能評判？所以，「辯無勝」。

下面哪一項最準確地描述了上述論證的缺陷？

A. 上述論證嚴重忽視了有超出辯論者和評論者之外的實施標準和邏輯標準。

B. 上述論證有「混淆概念」的推理缺陷。

C. 上述論證中的理由不真實，並且相互不一致。

D. 上述論證犯有「文不對題」的推理缺陷。

【答案與解析】A

題幹中提出的這段描述猶如一段繞口令一般，看似描述者說得很有道理，其實這段推理存在缺陷。而這個缺陷就是選項 A 中提到的內容。

顧先生錯了嗎

專家認為，《周易》卦爻辭中記載了商代到西周初葉的人物和事蹟，如高宗伐鬼方、帝乙歸妹等，並據此推定《周易》卦爻辭的著作年代當在西周初葉。《周易》卦爻辭中記載的這些人物和事蹟，已被近年來出土的文獻資料所證實。所以專家的推定是可靠的。

以下哪項陳述最準確地描述了上述論證的缺陷？

A. 論證中的論據並不能確定著作年代的下限。

B.《周易》卦爻辭中記載的人物和事蹟大多數都是古老的傳說。

C. 傳說中的人物和事蹟不能視為證明著作年代的證據。

D. 論證只是依賴權威者的言辭來支持其結論。

【答案與解析】A

顯然，著作的寫作時間一定晚於其記載的事情的發生時間。因為著作記載的是西周初葉的人物和事蹟，憑藉這一點，只能斷定著作最早寫作於西周初葉，至於著作最晚成書於什麼時候無法確定，所

以專家的推理存在缺陷，而這個缺陷的具體表現就是選項 A 中表達的內容。

衣冠楚楚就是主管嗎

　　許多白領階級以其得體入時的穿著、斯文瀟灑的舉止，形成一種刻板印象。張某穿著十分得體，舉止也很斯文，一定是高階主管。

　　下列哪項陳述最準確地指出了上述判斷在邏輯上的缺陷？

　　A. 有些高階主管穿著也很普通，舉止並不瀟灑。

　　B. 有些穿著得體、舉止斯文的人並非從事令人羨慕的主管工作。

　　C. 穿著舉止是人的愛好、習慣，也與工作性質有一定關係。

　　D. 張某的穿著舉止受社會潮流的影響很大。

　　【答案與解析】B

　　題幹中提到的是主管大多穿著入時、舉止斯文，但並不能因此推出穿著入時、舉止斯文的就一定是主管。所以，選項 B 中內容是指出了上述判斷在邏輯中的缺陷。

假幣是如何檢測出來的

　　一種檢測假幣的儀器，在檢測到假幣時會亮燈，製造商稱該儀器將真幣誤認為是假幣的可能性只有 0.1%，因此，該儀器在一千次亮起紅燈時有九百九十九次會發現假幣。

上述論證的推理是錯誤的，理由是以下哪個選項？

A. 忽略了在假幣出現時紅燈不亮的可能性。

B. 基於一個可能有偏差的事例，概括出一個普遍的結論。

C. 忽略了儀器在檢測假幣時操作人員可能發生的人為錯誤。

D. 在討論百分比時偷換了資料概念。

【答案與解析】D

百分比描述的是一個比例問題，而非具體的資料，但是以上結論的得出就是將比例問題偷換成了具體的數字。所以，這個結論存在缺陷，而造成這個缺陷的原因就是偷換了概念。

學生少，教師反而增加了

基於申請 J 大學的人數日益減少，很多大學現在預測每年新生班級人數越來越少，然而 N 大學的管理者們對今年比前一年增加了 40% 的合格的申請者感到驚訝，因此現在為所有新生開設的課程雇用了更多的教職員。

以下哪一項關於 N 大學目前合格申請者的論述，如果是正確的，將最有力地指出那些管理者們的計畫是有缺陷的？

A. 比一般計畫比例高很多的人，從大學畢業後攻讀更高的學位。

B. 根據他們的申請，他們參與課外活動和大學生代表團運動項目的水準非常高。

C. 根據他們的申請，沒有一個人居住在外國。

D. 在他們申請的大學中把 N 大學作為第一選擇的比例比通常比例低很多。

【答案與解析】 D

雖然與上一年相比，申請 N 大學的人數增加了，但是如果這些申請者並沒有將 N 大學作為第一申請志願，那麼他們很有可能最終不會進入 N 大學。在這種情況下，N 大學管理者們的計畫無疑存在缺陷。

張教授的話能信嗎

張教授：「如果沒有愛迪生，人類還將生活在黑暗中。理解這樣的評價不需要任何想像力，愛迪生的發明改變了人類的生存方式。但他只在學校中受過幾個月的正式教育。因此，接受正式教育對於在技術發展中作出傑出貢獻並不是必要的。」

李研究員：「你的看法完全錯了。自愛迪生時代以來，技術的發展日新月異。在當代，如果你想對技術發展作出傑出貢獻，即使接受當時的正式教育，全面具備愛迪生時代的知識，也是遠遠不夠的。」

以下哪項最恰當地指出了李研究員的反駁中存在的漏洞？

A. 沒有確切界定何為「技術發展」。

B. 沒有確切界定何為「接受正式教育」。

C. 誇大了當代技術發展的成果。

D. 忽略了一個核心概念：人類的生存方式。

【答案與解析】 B

　　顯然，張教授和李研究員以愛迪生為例，討論的是「是否有必要接受正式教育」的問題。然而，張教授和李研究員所說的「正式教育」雖然名字一樣，但實際內涵不同。這就導致了李研究員反駁中的漏洞的產生。

故事

　　不僅關於描述的趣味題非常有趣，關於描述的故事也非常有意思。接下來，就讓我們一起來欣賞吧！

你同不同意死刑

　　贊成死刑的人通常提出兩條理由：一是對死的畏懼將會阻止其他人犯同樣可怕的罪行；二是死刑比其替代形式 —— 無期徒刑更省錢。然而可靠的研究表明，從經濟角度看，無期徒刑比死刑更可取。人們認為死刑省錢並不符合事實，因此，應該廢除死刑。

　　從邏輯上來看，對這個論證的恰當評價是：該論證沒有考慮到贊成死刑的另外一個重要理由，故它不是一個好論證。

　　故事的一開始就提出了兩條贊成死刑的理由，但是在反駁中始終都是圍繞死刑並不能省錢這一條理由展開，而將有關贊成死刑的第一條理由置之不理，所以得出這個論證不是一個好論證的評價。

是不是純淨水惹的禍

學生上完體育課後回到教室，有 15 人喝了飲水機裡的純淨水，其中 5 人很快腹瀉。飲水機裡的純淨水馬上被送去檢驗，檢驗的結果不能肯定其中有造成腹瀉的有害物質。因此，喝了飲水機裡的純淨水不是造成腹瀉的原因。

如果上述檢驗結果是正確的，則對上述論證最為恰當的評價是：故事中的論證有漏洞。因為它把缺少證據證明某種情況存在，當作有充分證據證明某種情況不存在。

故事中明確說到「檢驗結果不能肯定其中有造成腹瀉的有害物質」，這並不代表純淨水裡一定不含有造成腹瀉的有害物質。所以故事中的結論存在漏洞，這就是對故事中的論證最為恰當的評價。

狗是如何發現幼狗的

英國的一項實驗發現：把母狗和幼小子女分開後，將這些幼狗混入一群同類的成年狗和幼狗中，然後再把母狗放入狗群。母狗很快就和自己的子女會合到一起。研究表明，狗身上的體味是互相辨認的依據。幼狗無法區分自己母親與其他母狗身上的味道，因此，每個母狗都能夠分辨出自己子女的體味。

上述論證採用的論證方法是，在對某種現象的兩種可供選擇的解釋中，透過排除其中的一種來確定另一種。

因為研究發現母狗能夠透過氣味辨認出自己的子女，而幼

第 17 章　描述

狗卻無法聞出自己母親身上的味道。在這兩種情況中，後者被排除了，也就得出了論證結果。這種邏輯評價是對論證方法的評價，因此，緊扣論證方法即可。

良好的農場經營方法

科學家：「研究已經證明，使用自然方法可以使一些管理經營良好的農場在不明顯降低產量、甚至某些情況可以在提高產量的基礎上，減少合成肥料、殺蟲劑以及抗生素的使用量。」

批評家：「不是這樣的，研究院選擇的農場似乎是使用自然方法最有可能取得成功的農場。那些嘗試了這樣的自然方法且失敗了的農場主會怎麼樣呢？」

對批評家應答的邏輯力量最充分的評價是：被討論的問題僅僅是為了展示某些事情是可能的，所以與被研究的例子是否具有代表性並無關係。

科學家討論這個問題，就是為了說明有些事情是可能的。當這些事情被證明為有可能時，科學家才會深入研究它，從而將「有可能」變為「一定」。所以，被討論的問題與被研究的例子是否具有代表性沒有關係。

產品合格與不合格

在產品檢驗中，誤檢包括兩種情況：一是把不合格產品定為合格；二是把合格產品定為不合格。有甲、乙兩個產品檢驗系統，它們依據的是不同的原理，但共同之處在於：第一，它

們都能檢測出所有送檢的不合格產品;第二,都仍有恰好 3%
的誤檢率;第三,不存在一個產品會被兩個系統都誤檢。現在
把這兩個系統合併為一個系統,使得被該系統測定為不合格的
產品包括、且只包括兩個系統分別工作時測定的不合格產品。
可以得出結論:這樣,產品檢驗系統的誤檢率為零。

　　透過對故事的語意分析,可以知道故事中的前提與結論之
間存在必然的聯繫。最為恰當地評價了上述推理的是:上述推
理是具有必然性的,即如果前提為真,則結論一定為真。

W 先生的現房銷售建議

　　經濟學家:「最近,W 先生的報告建議將住房預售改為現
房銷售,這引發了激烈的爭論。有人認為住房預售早就應該廢
止,另一些人則說取消這項制度會抬高房價。我基本贊成前
者,至於後者,則是一個荒謬的觀點。如果廢除住房預售會推
高房價,那麼這個制度不用政府來取消,房地產開發商早就會
千方百計地規避該制度了。」

　　上述論證使用的論證技巧是,透過指明接受某個觀點為真
會導致令人難以置信的結果來論證這個觀點為假。

　　顯然,經濟學家是反對實施住房預售的。他在證明自己觀
點的過程中,首先肯定了這個觀點,然後用反例說明這個觀點
是錯誤的,最終達到證明自己觀點的目的。

第 17 章　描述

親愛的編輯

　　親愛的編輯，鍾先生的新書有可能會毀掉在國內危機期間擔任高級政府職位的人的名譽。然而，讀者們應該不考慮鍾先生的評論。鍾先生的反政府態度是眾所皆知的，他的評論只能說服和他一樣的人，即那些從未有過、以後也不會有真正的責任感的人。因此他沒有資格作出評判。

　　上述故事中的論述用的有質疑性的技巧是：它假設攻擊某一宣稱的來源就足以否定這一宣稱。

　　這是一個典型的有關邏輯描述的故事。在這個故事中，只需讀者找出論述的特點即可，至於論述的正確與否可以忽略不計。而在這個故事裡，為了否定鍾先生的評論，作者首先否定了鍾先生這個人，即這是一種透過否定結論的來源從而否定結論的方法。

人的壽命還沒有樹的長

　　沒有一個植物學家能夠活得足夠長，從而來研究某棵加州紅木樹的整個生命週期。然而，透過觀察許多不同階段的樹，植物學家能夠把一棵樹的發展銜接。同樣的原則可應用於天文學家研究星系，即互相擠在一起的幾百萬顆星星的巨大集合體。

　　依據時間範圍提出的問題和處理方法，哪種研究類似於上文提及的植物學家和天文學家的研究？分析湖從開始形成到以沼澤結束的進展，方法是分析湖在進展過程中的許多不同階段。

　　顯然一個湖泊從形成到變成沼澤需要很長一段時間，這個時間可能比一個人活在世界上的時間還長。所以人們在分析湖從開始形成到以沼澤結束的進展中，是借助湖在不同進展中的許多階段這一方法來實現分析目標。這與植物學家和天文學家的研究有異曲同工之妙。

系統檢測瑕疵產品

　　兩個基於不同原理的檢測系統中，每一個都能測出全部有瑕疵的產品，但也會錯誤地拋棄 3% 無瑕疵的產品。假設兩個系統錯誤拋棄的產品沒有重疊，且如果同時運行也不會相互干擾，則使用兩個系統、並僅拋棄那些兩個系統都認為有瑕疵的產品，可以避免所有的錯誤拋棄。

　　最精確描述了上面論述中的推理過程的是：該推理是結論性的。如果支持結論的陳述正確，那麼結論就不可能錯。

　　因為以上結論與前提陳述之間存在必然關係，所以當前提陳述正確時，它的結論也一定正確。

電子書購買

我很普，所以沒人追？破除日常中的邏輯迷思 /
李改霞編著 . -- 第一版 . -- 臺北市：崧燁文化事
業有限公司 , 2021.08
　　面；　公分
POD 版
ISBN 978-986-516-690-8(平裝)
1. 邏輯
150　　　110008624

我很普，所以沒人追？ 破除日常中的邏輯迷思

臉書

編　　著：李改霞
編　　輯：簡敬容
發 行 人：黃振庭
出 版 者：崧燁文化事業有限公司
發 行 者：崧燁文化事業有限公司
E - m a i l：sonbookservice@gmail.com
粉 絲 頁：https://www.facebook.com/sonbookss/
網　　址：https://sonbook.net/
地　　址：台北市中正區重慶南路一段六十一號八樓 815 室
Rm. 815, 8F., No.61, Sec. 1, Chongqing S. Rd., Zhongzheng Dist., Taipei City 100,
Taiwan (R.O.C)
電　　話：(02)2370-3310　　傳　　真：(02) 2388-1990
印　　刷：京峯彩色印刷有限公司（京峰數位）

版權聲明

定　　價：380 元
發行日期：2021 年 08 月第一版
◎本書以 POD 印製